Zeitschrift für italienische Kultur der Gegenwart

ZIBALDONE

Herausgegeben von Helene Harth und Titus Heydenreich

13

Mai 1992

Schwerpunkt:
Columbus

Piper
München Zürich

Inhalt

»Ach hätten doch nie die Äxte im Pelionwald Bäume gefällt, und hätte doch nie von dort jenes Schiff seinen Anfang genommen, das nun Argo genannt wird...«: so im *Medea*-Drama des Römers Ennius die einleitende Verwünschung des mythischen ersten Schiffes. Wäre Columbus nicht gen Westen aufgebrochen, wäre in der »neuen« Welt (und in der alten) vieles nicht geschehen: so die Centenargegner schon vor Anbruch des Centenars. Europas Nachdenklichkeit und Selbstkritik von 1992 unterscheiden sich wohltuend vom hybriden Jubel von 1892, auch in der Geburtsstadt des Entdeckers. Die Gefahr liegt eher in der Personalisierung historischer Abläufe, in der Versuchung, dem Tun eines einzelnen die nicht immer geahnten Folgen dieses Tuns anzulasten. »Jede Epoche hat ihre eigene politische Reife«, schreibt Prezzolini in seiner Machiavelli-Biographie von 1927, »und sich gegen Bürger von einst ereifern, weil sie nicht die Bürger von heute waren, ist primitiv.«

Die Herausgeber

Christophorus Columbus, anonymes Fresko, um 1565, im Palazzo Farnese von Caprarola,
aus: Rosanne Pavoni: Colombo, immagini di un volto sconosciuto. Genua, SAGEP 1990, S. 43.

Henning Klüver

Die Kinder von Columbus

Ein Porträt der Stadt Genua

Auf der Piazza Raffaele De Ferrari, dort wo das antike Hafenviertel Sestiere del Molo beginnt, piept es. Genau gegenüber des teils renovierten, größtenteils von Aldo Rossi neukonstruierten Teatro Carlo Felice läuft der Columbus-Countdown. Noch x Sekunden bis zum 12. Oktober, piep. Noch y Sekunden bis zum 12. Oktober, piep. Noch z Sekunden bis zum 12. Oktober, piep. Eine Digitaluhr mit roten Ziffern nähert sich mit jedem, allerdings im Verkehrslärm untergehenden elektronischen Ton der Stunde Null. Dem 12. Oktober 1992. Auf den Tag genau vor 500 Jahren soll Cristoforo Colombo Amerika – die Neue Welt – entdeckt haben. Ein Tag der Wiedergeburt auch für Genua, jene krisengeschüttelte Hauptstadt der Region Ligurien, die einst als die *Superba*, die Stolze, die Meere des Okzidents und des Orients beherrschte?

Erst einmal feiert sie ihren großen Sohn. Ganz egal, ob viele Zweifel an der Vaterschaft Genuas, den berühmten Sohn betreffend, haben. Ganz gleich, ob dieser Cristoforo Colombo in spanischen Diensten sich offensichtlich seiner bürgerlichen ligurischen Herkunft geschämt hatte. Sevilla macht eine Weltausstellung? Das kann man in Ligurien auch, schließlich hat Columbus die Welt entdeckt, jetzt soll die Welt Genua entdecken. 500 Jahre danach lockt die internationale Fachausstellung »Christoph Columbus: Das Schiff und das Meer« viele Besucher ans »Tor zum Süden«, als das sich Genua immer gerne sieht.

Vom 15. Mai bis zum 15. August. Aber diese EXPO, die im Volksmund schlicht *Colombiadi* genannt wird, soll nicht nur über die wahrlich wenig romantische Vergangenheit berichten. Sondern die Vergangenheit, die epochemachenden Eroberungen des großen Genuesen Christoph Columbus benutzen, um Gegenwart und Zukunft des alten, uralten Kampfes von Mensch und Meer darzustellen. Um gemeinsam nach Lösungen zu suchen. Unter dem Einsatz aller Technologien. Und mit dem Respekt vor dem Recht der Natur – das zu beugen katastrophale Folgen für die Menschheit haben könnte.

Oder ist das nur ein Werbespruch? Es fällt den Genuesen offensichtlich schwer, große Sprüche zu klopfen. Hier gibt man sich vom Scheitel bis zum Blazer und bis zum Soccer Club ganz anglophil (der erste italienische Fußballverein wurde natürlich in Genua gegründet). Der Spleen gehört zur Volksseele, auch wenn er sich auf einem so bizarren Gelände wie dem Friedhof in Staglieno zeigt. Als schottisch gelten Genuesen, deshalb heißt die Stadt nicht nur *la Superba*, sondern auch *l'Avara* – die Geizige. Das muß nicht immer von Nachteil sein. Wie kämen wir sonst zu der schönen Statue der Brezelverkäuferin Caterina Campodomico auf Staglieno, die ein Leben lang gespart hatte, nur um sich ein bronzenes Grabmal zu leisten? Irritiert zeigen sich Passanten auf der Einkaufsmeile, der Via Venti Settembre, eher über die Anti-Columbus-Kampagne, die dem Entdecker der Neuen Welt den Vorwurf des Rassismus anhängen will, ihn gar für Völkermord verantwortlich macht. Miesmacher! Und das jetzt, wo endlich mal wieder Geld fließt, eine Finanzspritze, um die Stadt aus tiefster Depression zu wecken. Da fragen nur Grüne und vaterstadtslose Gesellen, ob jede Lira wirklich im Zusammenhang mit den *Colombiadi* ausgegeben wird.

Überhaupt das Gerede von der Depression! Wer sich länger in Genua aufhält, wundert sich bald gar nicht mehr, daß die Genuesen am liebsten über sich und ihre Stadt reden. Wo anderswo das Wetter diskret im Mittelpunkt der Plaudereien steht, spricht man hier über sich. Als gäbe es nichts Wichtigeres. Dabei überzeugt die Stadt den Besucher zunächst mit vielen guten Eigenschaften. Die herrliche Lage, »die Stadt wirkt massiv, wie aus Stein geschnitten, mit engen, oft als Treppen geführten Gassen, die vor der Hitze Schutz bieten. Sie steigt vom Golf an den Bergterrassen empor. Eine Marmorstadt, im Lichte leuchtend; die großen Brüche von Massa und Carrara sind nicht fern.« (Ernst Jünger)

Nun ist nicht alles Marmor, was in der Abendsonne glänzt, viel Beton ist seit Jüngers Eintragung (1965) dazugekommen, von oben gesehen »stürzt die unregelmäßige Geometrie der Stadt in die Tiefe« (Antonio Tabucchi), Abgründe tun sich auf. Aber da liegen herrliche Palazzi längs der Nobelpassage Via Garibaldi, großartige Kirchen und Klöster finden sich, die wie die frisch restaurierte Abtei S. Agostino durchaus profanen Zwecken (etwa für die Universität) offenstehen. Es gibt mehr Museen und Sammlungen, als man vermutet (und die meisten Genuesen wissen). Und im Palazzo S. Giorgio kommt man der Geschichte des Bankwesens und der spätmittelalterlichen Seefahrt auf die Spur. Gerade ist der alte Dogenpalast (der allerdings jeden Vergleich mit dem der Serenissima scheut) wieder hergerichtet worden, ein riesiger *contenitore*, wie es im modischen Diskurs heißt, ein *Behälter* mit 30000 Quadratmeter Nutzfläche. Wie der zu füllen ist, dafür gibt es ein paar halbherzige Vorschläge (Archiv, Kommunikations- und Einkaufszentrum, Ausstellungsräume) – doch irgendwie scheint dieser Behälter zu groß für Genua. Oder ist es Genua, das nicht mehr das Selbstvertrauen hat, die Geschichte für die Gegenwart nutzbar zu machen?

Irgendwie macht die Stadt den Eindruck, als hätte man sie von heut auf morgen in Rente geschickt. Jetzt steht sie da ohne Arbeit, träumt von vergangenen Zeiten und kann nichts Rechtes mehr mit sich selbst anfangen. In diesem Jahrhundert, als Italiens Industrialisierung vom magischen Dreieck Mailand, Turin, Genua angetrieben wurde, war Genua noch einmal, vielleicht zum letztenmal, das »Tor zum Süden« geworden, durch das die großen Handelsströme flossen. Das Tor ist längst rostig geworden, es klemmt. Falsche Entwicklungspolitik, hohe Kosten und eine kurzsichtige Gewerkschaftsstrategie haben Genua zu einem Geisterhafen gemacht. Das Industriedreieck löste sich auf; zwischen Ost und West, Nord und Süd, zwischen Turin und Verona / Padua, der Südschweiz und Bologna ist ein Kreuz entstanden, in dessen Zentrum die lombardische Hauptstadt Mailand steht und das Ligurien gar nicht mehr berührt. Kein Zweifel, »Genova è in crisi«, die Stadt durchlebt wie andere auch eine Umstrukturierung der Wirtschaft; die Schwerindustrie verliert

Columbus, Columbus in Ketten: zwei norditalienische Marionetten aus der 2. Hälfte des 19. Jhds., aus:
Rosanna Pavoni: Colombo, immagini di un volto sconosciuto. Genua, SAGEP 1990, S. 123.

an Gewicht (1955 waren hier noch rund die Hälfte der Arbeitsplätze zu finden, jetzt macht der ganze Industriebereich nur noch 22 Prozent aus), die Dienstleistungen (die heute 72 Prozent des Arbeitsmarktes aufsaugen) gewinnen an Bedeutung. In wenigen Jahren sind die Wertvorstellungen breiter Bevölkerungsgruppen durcheinandergewirbelt worden. Genua, das in der Geschichte der Arbeiterbewegung Italiens eine wichtige Rolle gespielt hat, versinkt in Lethargie. Die Stadt, eine ehemalige Hochburg des PCI (heute PDS), hat längst den Konsumismus als Lebensform akzeptiert.

Dabei gibt es für politische Unruhe genügend Motive. Hand in Hand mit dem zunehmenden Mangel an Arbeitsplätzen geht die Verarmung. Die Provinz Genua, die nach dem durchschnittlichen Pro-Kopf-Einkommen im Jahr 1982 von rund 100 italienischen Provinzen noch an siebter Stelle gelegen hatte, rutschte bereits drei Jahre später auf den 21. Platz. Im Hafen, der noch immer ein wichtiger Knotenpunkt für Fährverbindungen ist, landen täglich neue Zuwanderer, die oft nur das Hemd auf dem Leib besitzen. Die meisten wollen weiter, nicht alle haben Kraft und Geld genug. Mit rund 50000 farbigen Fremden bei rund 700000 Einwohnern ist der Ausländeranteil relativ hoch, zumal die Fremden vor allem in den Vierteln der heruntergekommenen Altstadt Behausung suchen. Der Konflikt mit den ansässigen sozial schwachen Schichten ist vorprogrammiert, manche blutige Auseinandersetzung die Spitze eines Problems. Doch im Krieg der Armen kann es nur Verlierer geben. Schon rücken die Stadtsanierer an. *Colomboia* ist als zynisch-wütendes Wortspiel aus *Colombiadi* und *boia* (Henker) an manchen abbröckelnden Wänden in den Altstadtgassen zwischen der Via della Maddalena und der Piazza Caricamento zu lesen. Es ist abzusehen, daß dieses *centro storico*, der Ausdehnung nach eines der größten Europas, eine begehrte Wohn-, Büro- und Geschäftsadresse wird. Dann steigt mit dem Quadratmeterpreis auch die Möglichkeit, die sozialen Probleme an den Stadtrand oder in die Täler zu verdrängen – auf jeden Fall aus dem Bewußtsein der Öffentlichkeit. Der Hang zum Weggucken ist statistisch belegt: Den Ausgaben für Fernsehgebühren nach sind die sonst so geizigen Genuesen italienische Spitze. Die Stadt hat nach dem Krieg auf die großen Staatsbetriebe gesetzt und die Privatinitiative verkümmern lassen. In der Krise der Staatsholdings Italsider, Finmare und Fincantieri steht man mit leeren Händen da.

Mit leeren Händen? Aber nein, da irrt sich der Besucher ganz gewaltig. Auf allen Etagen im Rathaus, beim Hafenkonsortium, in der Handelskammer wiegt man die Köpfe: Die Lage sei ernst, aber nicht aussichtslos. Der Hafen schreibe zum erstenmal seit Jahren wieder Zuwachszahlen, Spezialfirmen wie die Italimpianti des Iri-Konzerns haben festen Sitz in der Stadt, die zudem als Zentrum einer Region gesehen werden müsse, die ihrerseits vor industriellen Aktivitäten auf kleiner und mittlerer Ebene nur so strotze – vom ligurischen Tourismus ganz zu schweigen. Mit geputzter Altstadt, einer verbesserten Hotelstruktur, neuen Kongreßzentren und besserer Werbung soll der *turismo colto e di impresa*, die Bildungs- und Geschäftsreisen also, den Aufschwung bringen. Meint man das ernst?

Wenn man von der abgasverseuchten Innenstadt absieht, ist immerhin das Klima, meteorologisch gesprochen, ideal. Milde Winter, die den Palmenwuchs zulassen, nicht zu heiße Sommer, ein herrliches Hinterland, also warum sollte man das nicht ernst meinen? Im elften Stock des Hochhauses der Italimpianti, einer der Vorzeigefirmen Genuas, nickt man: Warum nicht? Spricht dann aber lieber von den eigenen Projekten in aller Welt, und die lassen sich wirklich sehen: u. a. Pipelines im südlichen Mittelmeer, Bodensanierungen in der Dritten Welt, Containerhafen in Südamerika – und in Genua. Zu Hause baut man auch kräftig mit den Geldern, die für die Columbus-Feiern in die Stadt fließen. Wer offiziell fragt, bekommt eben solche Antworten. Out of records also: Woran liegt es denn, daß Genua nicht auf die Beine kommt? Da führt einen der Ingenieur ans Fenster und fragt: Was sehen Sie? Antwort: Das Meer, den Hafen mit der Großbaustelle *Colombiadi*, und noch ein Meer, diesmal aus Stein und Beton. – Eben, das sei die Antwort. Früher sei Genua groß geworden durch den Wagemut seiner seefahrenden Kaufleute, durch die Initiative der Händler, weltweite Netze zu spannen. Columbus habe in einem gewissen Sinn in dieser Tradition gestanden. Seit vielen Jahren wage die besitzende Klasse nichts mehr. Die Kinder von Columbus investierten in Staatsanleihen, in Grundstücksspekulation und in den Häuserbau. Wer spricht so ehrlich in Genua? Keiner, schließlich war es out of records. Höchstens die Grünen reden noch so, aber die Nestbeschmutzer nimmt ja keiner ernst. Da stehen sie nun, die neuen Glaspaläste, von wagemutigen Architekten errichtet, in Form von Segeln und Schiffsrümpfen – einer gar wie ein riesiger Bleistift, *matitone* genannt –, doch sind sie gleichzeitig Ausdruck von Kleinmut. Der Versuch, ein Haus von über 200 Metern Höhe, das höchste Hochhaus Europas, zu bauen, wurde zum Glück nicht in die Tat umgesetzt. Überdimensional klotzt aus dieser in »Stein geschnittenen Stadt« der Bühnenturm der wiedererstandenen Oper Carlo Felice in den Himmel.

Das postmoderne Monument des Architekten Aldo Rossi, das Teile des klassizistischen, im Krieg zerstörten Vorgängerbaus übernommen hat, wirkt wie eine größenwahnsinnige Trutzburg. Repräsentationsarchitektur für ein besitzendes Bürgertum, das gar nichts mehr repräsentiert. Vermutlich wird Genua im Jahr 2000 knapp 600000 Einwohner haben; ob sich darunter täglich 1975 finden, um die entsprechenden Plätze der zugegeben faszinierenden Hofarchitektur im Inneren zu füllen? Zumal Genua bisher nicht gerade als Hochburg der Kultur aufgefallen ist. Vieles, was in dieser Stadt passiert, wird von außen hereingetragen. Glückliches Genua, daß es in den vergangenen Jahren eines der bestgeleiteten Goethe-Institute Italiens besaß, sonst wäre die Stimmung noch ein wenig frostiger gewesen als die, die man der Postmoderne Rossis verdankt.

Kein Wunder, daß man in der EXPO, den Feiern zum Columbus-Jahr, so etwas wie den Münchhausen-Schopf sieht, an dem sich die Stadt selbst aus dem Sumpf ziehen kann. Abgesehen von vielen Fragwürdigkeiten – und Fragezeichen, was mit den Strukturen im und um den alten Hafen zum Beispiel wirklich nach dem Abschluß der *Colombiadi* passiert –, überzeugt das Projekt von Renzo Piano in einem Punkt: dort, wo dem Meer die Stadt und der Stadt das Meer zurückgegeben wird.

Die Industrialisierung hatte die Menschen vom Hafen abgeschnitten. Innerhalb des Zollbereichs gab und gibt es immer wieder beglückende Nischen wie die vielen kleinen Bars und Osterias, aber die Stadt hatte inzwischen das Meer verloren, sah es nur noch von weitem, von oben, wie ein Zugereister und war gleichsam von seiner eigenen Geschichte durch häßliche Zollschranken und Lagerhäuser getrennt. Mehr Mißachtung als die durch die häßliche *sopraelevata*, die hochgestelzte Stadtautobahn, vor den historischen Fassaden der Palazzi am alten Hafen ausgedrückte kann eine Stadt eigentlich gar nicht vor sich selbst empfinden.

Eugenio Montale, Lyriker und 1975 Nobelpreisträger, in Genua geboren (und in Mailand gestorben), nannte seine Stadt aus dem Flugzeug blickend, »eine Schlange, die ein Kaninchen verschlungen hat, ohne es verdauen zu können«. Noch ist nicht gesichert, ob die *sopraelevata* wenigstens auf einem Teilstück unter der Via Antonio Gramsci und der Piazza Caricamento in einem Tunnel verschwindet und ein fast heimliches Hafenbild wieder entstehen kann. Aber sicher wird die Piazza verkehrsberuhigt, und von den Bratküchen der *Sottoripa* wird man bis zu den Kaimauern gucken und schlendern können – was macht es da schon, wenn große Schiffe längst woanders anlegen. Vielleicht werden ja auch Teile der stillgelegten Stahlwerke zu *grünen* Ufern, die für die Bewohner in Cornigliano und Sampierdarena (wo der Fußballclub Sampdoria herkommt) die Symbolkraft von *neuen* haben könnten. Grüne Träume? Warum soll nicht sein, was darf? Dann wird es, wenn die Columbusuhr abgelaufen ist, unweit vom Palazzo S. Giorgio zu einer Initialzündung kommen, die alten ligurischen Unternehmergeist weckt und konkrete Zukunftsentwürfe nicht verhindert, die demokratische Kultur ermöglicht und großbürgerlichen Geschmack nicht verbietet. Schwere Zweifel? – Viele Wünsche: *Auguri*, Genova, und alles Gute!

Ligurien und Columbus. Aus dem Comic-Buch von Enzo Marciante: Colombo, ammiraglio del mare oceano. Genua, SAGEP 1989, S. 10–11.

Dal Piacentino aveva origine la "via del pane", un tracciato che, attraverso l'Appennino recava il grano della Padana al Genovesato. A Moconesi si ha notizia certa della famiglia Colombo!
MOCONESI
QUINTO
ENOVA
Il nonno Giovanni si stabilí a Quinto, dove la via del pane toccava la costa. Il figlio Domenico, lanaiolo, fu anche custode della Porta dell'Olivella in Genova. Qui nacque nel 1451 Cristoforo Colombo!
il giovane Cristoforo, reso esperto dell'arte del navigar per mare dai frequenti piccoli cabotaggi lungocosta, s'imbarcó su legni Genovesi diretti alla Colonia di Scio, isola Greca del Mar Egeo...

Anna Patrucco Becchi

»Neustadt« versus Altstadt?

Gespräch mit dem Historiker Giovanni Rebora über Genua und seine Columbus-Feierlichkeiten

Zibaldone 1992 ist die Fünfhundertjahrfeier der Entdeckung Amerikas, und schon seit ein paar Jahren bereitet sich Genua, die angebliche Heimatstadt Columbus', eifrig auf dieses Ereignis vor. Welche Bedeutung hat Ihrer Ansicht nach eine solche Feier? Ist sie etwa mit der prächtigen Zweihundertjahrfeier der Französischen Revolution vergleichbar? Sicherlich hat man vor zwei Jahren unter den heutigen Franzosen Gefühle wachrufen können, die man mit den Columbus-Feierlichkeiten bei heutigen Genuesen schwer erwecken kann. Ich frage Sie als Wirtschaftshistoriker: Haben die Feierlichkeiten in Genua eine echte geschichtliche oder nur eine wirtschaftliche Bedeutung?

Rebora All dies hat eine kulturelle Bedeutung, die aus einem Ereignis größter Relevanz entspringt. Ich hoffe jedoch, daß es letzten Endes auch eine zufriedenstellende wirtschaftliche Bedeutung haben wird. Das letztere hängt allerdings von dem Verhältnis zwischen den Ausgaben für einmalige Veranstaltungen und denen für langfristige Strukturen ab. Es wird weiterhin von der Fähigkeit abhängen, dasjenige für die Zukunft fruchtbar zu machen, womit die Stadt jetzt ausgestattet wird. Den Vergleich mit den Feierlichkeiten zur Französischen Revolution finde ich nicht passend. In Frankreich nahm die Bevölkerung von der einen und von der anderen Seite an diesem großen Ereignis teil und, wie auch immer, an den Taten Napoleons. Die Franzosen erkennen sich in ihrer Revolution wieder, aber die Genuesen haben ja nicht alle gemeinsam Amerika entdeckt! Die Ideen der Revolution, weit davon entfernt, in ihrer Gesamtheit verwirklicht worden zu sein, sind deswegen noch lebendig, während die Ideen der Zeit Columbus' nicht mehr aktuell sind... und ich trauere ihnen auch nicht nach...

Zibaldone Der Anlaß der Fünfhundertjahrfeier hat zu einer Neustrukturierung der Stadt geführt. Mit großem Eifer wurden Pläne zur Verwirklichung (oder fast bis zur Verwirklichung) gebracht, die schon seit Jahrzehnten in Vorbereitung waren: die U-Bahn und der Wiederaufbau des im Zweiten Weltkrieg zerstörten Operntheaters Carlo Felice. Mit gleichem Eifer wurden auch neue Projekte in die Tat umgesetzt: die Neustrukturierung des alten Hafens, der Bau eines Aquariums und eines Kongreßzentrums. Welche wesentlichen Veränderungen sieht die Stadtplanung bis zum Jahre 1992 vor? Könnten Sie sie kurz schildern und uns Ihre Meinung dazu sagen?

Rebora Die Neustrukturierung des alten Hafens und die Möglichkeit, ihn den Bürgern zugänglich zu machen, ist auf jeden Fall positiv zu bewerten. Während des ganzen Mittelalters ist der Hafen das Zentrum der Stadt gewesen; er ist für Genua das gewesen, was in den kontinentalen Städten seit dem 11. und 12. Jahrhundert normalerweise der Marktplatz war. Es scheint mir ein wichtiger Schritt zu sein, den Stadtbewohnern den Kontakt mit dem Meer wieder zurückzugeben, der ihnen seit dem 19. Jahrhundert mit Modernisierungen und Zollschranken entzogen wurde. Es wird jedoch zweckmäßig sein, diesen großen Raum nicht in ein Viertel von Museen und öffentlichen Büros zu verwandeln, damit er nicht ab 17 Uhr zu einer öden Wüste wird. Ich hoffe im Gegenteil, daß er mit Läden, Cafés, Restaurants und Zentren für ans Meer gebundene Sportarten gefüllt sein wird, daß es also die Möglichkeit geben wird, in diesem Raum zu leben. Was das Operntheater betrifft... jetzt steht es erst einmal. Wir müssen nun zusehen, daß es auch in Betrieb genommen wird. Ich glaube aber, daß die Kosten einer solchen Einrichtung sehr hoch sein werden. Über das Kongreßzentrum kann ich nichts sagen: Wenn man sich für seinen Bau entschieden hat, wird man sich wohl vorher Gedanken gemacht haben, wie groß der Bedarf ist und inwieweit die Möglichkeit besteht, in der Stadt Kongreßteilnehmer unterzubringen. Ich glaube jedoch, daß einige Hotels vorgesehen sind. Hinsichtlich des Aquariums muß ich gestehen, daß ich es mir eigentlich anderswo gewünscht hätte, und zwar westlich der Stadt und auf jeden Fall nicht als

Alternative zur Altstadtrenovierung. Da es jedoch auf einem alten Hafendamm entstehen soll, ist es nun angebrachter, zu kooperieren statt zu kritisieren. Ein Aquarium, wenn es nicht als Zirkus mit »Tierclowns« konzipiert ist, könnte einen Beitrag dazu leisten, daß auch in Italien jene naturwissenschaftliche Kultur verbreitet wird, die so lange zugunsten der sogenannten humanistischen Kultur vernachlässigt wurde. Unweit vom Aquarium, auf den Hafendämmen des alten Docks wird dann die Fakultät für Betriebswirtschaft der Universität Genua entstehen. Es handelt sich um eine sehr interessante Initiative, aber auch in diesem Fall sollte man achtgeben, daß abends nicht das ganze Viertel ausstirbt. Auch hier sollte man zum Beispiel das Erdgeschoß mit Läden, Buchhandlungen, Mensen, kleinen und großen Gaststätten, Schreibwarengeschäften, Druckereien usw. ausstatten.

Zibaldone Die Stadt wird also sehr viele neue Infrastrukturen haben, die zum Teil ihr Bild auch radikal verändern werden. Gab es eigentlich alternative Projekte zu den jetzt realisierten? Ich möchte Sie fragen, ob Sie mit letzteren zufrieden sind und was Sie eventuell anders gemacht hätten. Ich persönlich habe den Eindruck, daß bei all dieser Renovierungswut die Altstadt letzten Endes zu kurz gekommen ist...

Rebora Wie alle Genuesen habe ich die Angewohnheit des »mugugnare«: zu meckern. Aber nicht bevor die Ergebnisse zu sehen sind. Ich kenne die alternativen Projekte nicht, aber ich bin sicher, daß man es besser hätte machen können. Auch die Schöpfer der laufenden Projekte sind sich darüber im klaren; doch nun ist Zeit zu handeln. Später kann man kritisieren.

Dennoch hätte ich es in der Tat vorgezogen, wenn man mehr Geld zur Renovierung der Altstadt, die eine der größten der Welt ist, eingesetzt hätte. Ihre Sanierung und ihre Erschließung für den Tourismus wären viel mehr wert als eine dreimonatige Ausstellung. Aber die »Ausstellungskultur« (eine Denkweise, die spätestens auf den Bau der Tour Eiffel zurückzuführen ist) hat gewonnen. Es zählt überhaupt nicht, ob ich damit einverstanden war oder nicht: Jetzt gilt es, das richtig zu machen, wozu man sich entschlossen hat.

Zibaldone Die Organisatoren der Feierlichkeiten scheinen sehr optimistisch zu sein und sehen einen beachtlichen Zustrom von Touristen anläßlich dieses Ereignisses voraus. Unter den Einwohnern der Stadt spürt man dagegen eine gereizte Stimmung: Bis jetzt haben sie nur Nachteile davon gehabt, daß die Stadt durch etliche Baustellen umgewühlt wurde. Wie stehen Sie dazu?

Rebora Ich hoffe, daß alles gut laufen wird und vor allem, daß man sich nicht mit den drei Monaten 1992 zufriedengeben, sondern einen Weg finden wird, aus dem großen neugewonnenen Raum einen Raum zum Leben zu machen. Ich bleibe dabei, daß es unerläßlich sein wird, die Altstadt zu renovieren, die eine dauernde Ausstellung städtischer Architektur darstellt, mit »Exponaten«, die aus dem 11. bis zum 18. Jahrhundert stammen. Diese Altstadt soll den Touristen präsentiert werden: Hier sehen sie etwas, das man nur in Genua sehen kann. Niemand kommt von New York angereist, um einige Wolkenkratzer in einer anderen Stadt zu besichtigen! Was die Unbequemlichkeiten aufgrund der Baustellen betrifft, so besitze ich genügend Gemeinsinn, um mich darüber nicht zu beklagen. Die Arbeiten mußten gemacht werden, also lassen wir die Autos zu Hause und fahren mit den öffentlichen Verkehrsmitteln. Es wird für alle besser sein.

Zibaldone Die Vorbereitungen für das Jahr 1992 sind ohne Zweifel mit großen Ausgaben verbunden. Wie wir schon sagten, die Organisatoren sehen den Feierlichkeiten mit Zuversicht zu – aber falls die Stadt dadurch schließlich einen wirtschaftlichen Verlust erleiden sollte, glauben Sie, daß man dann trotzdem noch eine positive Bilanz wird ziehen können?

Rebora Statt von Verlust würde ich von Kosten sprechen. Wenn das, was man machen wird, mit der Zeit Erträge bringt, werden sich die Kosten aufteilen und so weniger belastend erscheinen. Wenn man die Bilanz gleich nach den drei Monaten der Feierlichkeiten zieht, dann werden sicherlich einige in Entrüstung ausbrechen. Ich liebe die ungeheuren Menschenmengen, die Millionen von Touristen nicht. Ich ziehe Einrichtungen vor, die Jahr für Jahr eine vernünftige Anzahl von Personen aufnehmen können. Spekulation reizt alle, aber ich finde ein langfristiges wirtschaftliches Gleichgewicht besser. Die Ergebnisse dieser Arbeiten werden bleiben: die U-Bahn, die Fakultät für Betriebswirtschaft am Dock, das Aquarium usw. Man sollte nur alles in Betrieb halten. Danach sollte man endlich daran denken, das Wasser des Hafens zu reinigen, indem man die Abzugskanäle verlängert und sie mit Reinigungsanlagen ausstattet: Aus dem Hafen könnte ein Meer werden, in dem man schwimmen und rudern kann. Dies erscheint als ein gewaltiges Unternehmen, aber es ist gar nicht so aufwendig. Der einzige Nachteil ist, daß es sich nicht um etwas handelt, was sofort ins Auge springt und dem Politiker, der es beginnt, einen prompten Stimmenzuwachs beschert. Aber es ist unabwendbar.

Zibaldone Welche Zukunft hat Ihrer Ansicht nach Genua und seine Altstadt nach 1992? Welche Probleme werden bleiben?

Rebora Diese Stadt hat immer, schon im 16. Jahrhundert, eine erstaunliche Fähigkeit zur Geburtenregelung gezeigt. Heute zeigen Genua und Ligurien eine sinkende Geburtenrate. Die alarmierenden Aufrufe der Dummen interessieren mich nicht. Die in der Industrie angestellte Bevölkerung ist dazu verurteilt, abzunehmen, und vielleicht kann dann auch der Tourismus zu einem Reichtum für die Stadt werden. Ich würde jedoch nicht zu sehr auf eine Besucherinvasion zählen; ich würde es lieber sehen, wenn der Tourismus mit der Güterproduktion (ich denke zum Beispiel an die Nahrungsmittelindustrie) gekoppelt wäre. Genuas Probleme bleiben immer noch die der Renovierung und der Wiedererschließung der Altstadt, einer zum Teil von den Stadtverwaltungen in den Jahren von 1958 bis 1970 zerstörten, aber immer noch riesigen Altstadt. Dann besteht noch das Problem des Handelshafens, der zum Haupthafen des tyrrhenischen Meeres werden soll, ferner das Problem der Industrie. Ich bin bis heute optimistisch, aber diese Probleme sind noch ungelöst.

Genua, Juni 1991
Übersetzung: Anna Patrucco Becchi

Titus Heydenreich

Und vor hundert Jahren?

Amerikas Entdeckung im Blick des Mundartdichters Cesare Pascarella

Am 12. Oktober 1942, also mitten im Zweiten Weltkrieg, strahlte der amerikanische Sender Columbia Broadcasting System (C. B. S.) einen Text aus, dessen Titel – *Admiral of the Ocean Sea* – eindeutig Bezug nahm auf die kurz zuvor erschienene Monographie von Samuel Eliot Morison (Boston 1942). Zu jenem Zeitpunkt kämpften die Staaten der Karibik und Zentralamerikas sowie Mexiko und Brasilien bereits an der Seite der USA, während Chile und Argentinien den Kriegseintritt noch scheuten. Jetzt, anläßlich des Columbus Day, beschwor der Sender – in allen Sprachen des Kontinents! – den Entdecker Amerikas als Leitfigur jener dringend geforderten gesamtamerikanischen Solidarität, ja Identität für einen gemeinsamen Kampf gegen die machtbesessenen Diktatoren der Achse. Autor und Sprecher des Aufrufs war kein Geringerer denn Orson Welles.

Wenige Wochen später, nämlich am 3. Dezember 1942, veröffentlichte ein Literat namens Giuseppe Flechia im italienischen Vicenza ein Bändchen unter folgendem Titel: *A scuverta de l'America. 50 sonetti romaneschi di Cesare Pascarella tradotti in genovese*. Bedenkenswert in unserem Zusammenhang Flechias Widmung:

A
GENOVA
MADRE DI CRISTOFORO COLOMBO
MARTORIATA
DALLE BOMBE ANGLO-AMERICANE
NEL
QUATTROCENTOCINQUANTESIMO ANNUALE
DELLA SCOPERTA DELL'AMERICA
(1492–1942)

[Für Genua, Geburtsstadt von C. C., gepeinigt von den Bomben der Anglo-Amerikaner, zum 450. Jahrestag der Entdeckung Amerikas].

Für aufwendige Feiern fehlten zu jenem Zeitpunkt weltweit Geld und Muße. Dennoch blieb eine politische Nutzung der 450. Wiederkehr der Entdeckung Amerikas nicht aus. Beide Blöcke im Weltkrieg fanden Anlässe zu Identitäts-, Kampf- und Durchhalteappellen unter Berufung auf den genuesischen Seemann, der einst den Weg über den Atlantik gewagt hatte. Zwei tragische Beispiele somit dafür, wie aus aktuellem Anlaß die Autorität einer historischen Figur bemüht, gebraucht, mißbraucht werden kann. Hinzu kommt, daß Flechias regimetreue literarische Kampfesleistung in der Übersetzung eines gleichfalls dialektalen Werks bestand: zweifellos im Vertrauen auf die Tatsache, daß das Werk unbeschadet seiner sprachlichen Regionalität in ganz Italien seit der Erstveröffentlichung im fernen 1894 populär, im vielschichtigen, vor allem guten Sinne des Wortes populär geblieben war.

Cesare Pascarella, der 1858 in Rom geborene und 1940 ebendort gestorbene Mundartdichter, hatte mit der Niederschrift seines Sonettzyklus *La Scoperta de l'America* etwa 1886 begonnen, nicht ohne Blick auf den bevorstehenden »Quarto Centenario«, dessen Vorbereitung in Italien und Spanien zu jenem Zeitpunkt schon auf vollen Touren lief. Spanien hatte Pascarella im selben Jahr 1886 bereist und u. a. in Barcelona die Grundsteinlegung des Columbus-Denkmals miterlebt.

Ersten Ruhm hatte sich Pascarella 1886 durch *Villa Gloria* erworben. *Villa Gloria*, gleichfalls bereits ein Zyklus von (hier: fünfundzwanzig) Sonetten, vollzog aus der Sicht eines fiktiven Augen- und Waffenzeugen den mißglückten Rom-Einbruch (1886) der risorgimentalen Kämpfergruppe um die Gebrüder Cairoli. Ein Werk, das Pascarella – dank dem Thema, aber auch der gewählten romanesken Sprache – erstmals bekannt und beliebt gemacht hatte, in Rom sowie überall dort, wo Italiener lebten, denen die Einheit Italiens und die Erhebung der »befreiten« Urbs zur Hauptstadt (1870) am Herzen gelegen hatten.

Roms erster und bis heute unüberbotener Mundartdichter

war – unter den Pontifikaten Leos XII., Gregors XVI. und Pius' IX. – Giuseppe Gioachino Belli (1791–1863). Bellis ungewaschenes Mundwerk fasziniert den Leser und Sprechplattenhörer bis heute (vgl. *Zibaldone* 10 und 12) – und die bis heute blühende romaneske Dichtung kann und will nicht umhin, Belli als unüberbietbaren Ahnherren zu verehren. Inhaltlich, thematisch freilich hatte der nach außen hin unauffällig-korrekte, nur für die Schublade wütende Kirchenstaat-Beamte die Sieben Hügel nicht verlassen. Und in seiner Nachfolge begnügten sich zahlreiche, vor und nach dem Zusammenbruch des päpstlichen Potere Temporale schreibende, heute zum Teil vergessene »romanisti« der Generationen um Pascarella mit regionalistischen, folkloristischen, freilich zunehmend bißlosen Produkten. Pascarella war im postrisorgimentalen Rom der erste, der – unter dem Eindruck des postrisorgimentalen Großlyrikers (und Bologneser Großordinarius') Giosué Carducci – die Sprache Roms für außerrömische Sujets einsetzte.

Die fünfzig Sonette von *La Scoperta de l'America* umgreifen zeitlich die Vorphasen und Durchführung der ersten Ozeanüberquerung. Der Reiz des Werks liegt jedoch wesentlich darin, daß die vierhundert Jahre zurückliegende Großtat mit der Gegenwart des Schreibenden verknüpft, mehr noch: in dessen Gegenwart förmlich hineingezogen wird. Nicht nur, daß eine Vielzahl von gegenwartsbezogenen, im folgenden noch zu entschlüsselnden Anspielungen den »eigentlichen« Anlaß von Pascarellas Schreiben enthüllt: Wichtig und wesentlich ist abermals die Berichtsperspektive. Hatte Pascarella in *Villa Gloria*, wie erwähnt, einen Zeugen, einen (fiktiven) Mitkämpfer aus der Erinnerung berichten lassen, so wird nunmehr für die Vorgänge von 1492/93 als Berichterstatter wiederum ein Mann der Gegenwart vorgeschoben. Dieser Berichterstatter ist zwangsläufig kein Augenzeuge. Er ist aber auch kein gelehrter Historiker, sondern ein nicht-intellektueller Mann aus dem Volke, ein popolano des Trastevere-Viertels. In der Kneipe von den Seinen umringt und von diesen hin und wieder unterbrochen oder zum Weitererzählen angespornt, schildert er die weit zurückliegenden Vorgänge so gut – und so farbig! – er kann ... Eine Schilderung, die nichts trivialisiert – wie etwa Jürgen

von Mangers *Maria-Stuart*-Theaterabend aus Ruhrkumpel-Sicht –, sondern bei aller vereinfachenden Popularisierung der Hergänge Begeisterung, Ergriffenheit, nicht zuletzt patriotischen Stolz zum Ausdruck bringt. So bereits in der einleitenden rhetorischen Inszenierung der berühmten Anekdote (Sonett I):

Ma che dichi? Ma leva mano, leva!
Ma prima assai che lui l'avesse trovo,
Ma sai da quanto tempo lo sapeva,
Che ar monno c'era pure er monno novo!

E siccome la gente ce rideva,
Lui sai che fece un giorno? Prese un ovo,
E lí in presenza a chi non ce credeva,
Je fece, dice: – Adesso ve lo provo. –

E lí, davanti a tutti, zitto zitto,
Prese quell'ovo e, senza compriménti,
Pàffete! je lo fece regge' dritto.

Eh, ner vedé' quell'ovo dritto in piede,
Pure li piú contrarî piú scontenti,
Eh, sammarco! ce cominciorno a crede'.

[Was sagst du da? Ach, laß die Finger von! / Ja, lang bevor der sie gefunden hatte, / weißt du, seit wann denn der schon wußte, / daß auf der Welt auch eine neue Welt es gab?
Und weil die Leute drüber lachten, / nahm er, weißt du, eines Tags ein Ei, / und vor all denen, die nicht daran glaubten, / sagte er so: »Jetzt zeig ich's euch.«
Und da, vor aller Augen, still und leise, / nahm er das Ei, und ohne viel zu fackeln / Krk! hat er's aufrecht hingestellt.
Tja, und wie das Ei da auf den Füßen stand, / da fingen auch die ärgsten Zweifler an, / die Sache bitteschön für ernst zu nehmen.]

Von wohlkalkulierter Komik ist bereits die Struktur des Zyklus: Fast ein Dutzend Sonette werden für die zeitraubende Antichambriererei vor Höflingen, Gelehrten, Königen eingesetzt... und ganze drei Verse genügen zur Skizzierung des endlich möglichen Aufbruchs (Son. XII, 11–14).

Zwölf weitere Sonette (XII bis XXIII) »dauert« die Überfahrt samt etlichen der aus Bordbuch und Historiographie vertrauten retardierenden Momente: Stürme, Flaute, die enervierende Ausschau, der Matrosenaufstand, das Paktieren und Weitersegeln, zuletzt der erlösende Aufschrei (Son. XXIII):

Ma lui, capischi, lui la pensò fina!
Lui s'era fatto già l'esperimenti,
E dar modo ch'agiveno li venti,
Lui capí che la terra era vicina;

Percui, lui fece: intanto se cammina;
Be', dunque, dice, fàmoli contenti,
Ché tanto qui se tratta de momenti.
Defatti, come venne la matina,

Terra... Terra!... Percristo!... E tutti quanti
Rideveno, piagneveno, zompaveno...
Terra... Terra!... Percristo!... Avanti... Avanti!...

E lí, a li gran pericoli passati
Chi ce pensava piú? S'abbraccicaveno,
Se baciaveno... E c'ereno arrivati!

[Der aber, weiß du, der war viel zu schlau! / Der wußte längst von Experimenten / und weil die Winde so und so sich drehten, / wie nahe schon das Festland war.
So sagte er sich: solange es vorwärts geht... / Ja, also denn, stell sie zufrieden, / hier geht's ja nur um Augenblicke. / Und richtig, als der Morgen kam,
Land!... Land!... Du lieber Gott!... Und alle, alle / lachten und weinten und hopsten wild herum... / Land!... Land!... Du lieber Gott!... Ja! Vorwärts!... Weiter!
Und nun, wo die Gefahr vorbei, wer dachte / noch daran? Sie fielen sich in die Arme, / küßten sich... und waren angekommen!]

Die optische Greifbarkeit des Ziels dient, im Zentrum des Zyklus, zum Innehalten, zur Einblendung eines Dialogs zwischen dem Erzähler und seiner bis dahin gebannten Zuhörerschaft (Son. XXIV und XXV, 1).

Abermals ein Sonett-Dutzend (XXV–XXXVIII) verwendet Pascarella auf seines popolano Skizzierung der Landung, der Begegnung mit den Indios, der Landschaftsschilderung. Hier der schon im Bordbuch festgehaltene und von Chronisten, Dichtern und bildenden Künstlern vielfach nachgestaltete Augenblick der Erstbegegnung im Blick des trasteverino (Son. XXIX):

– E quelli? – Quelli? Je successe questa
Che mentre, lí, frammezzo ar villutello
Cosí arto, p'entrà' ne la foresta
Rompeveno li rami cór cortello,

Veddero un fregno buffo co'la testa
Dipinta come fosse un giocarello,
Vestito mezzo ignudo, co' 'na cresta
Tutta formata de penne d'ucello.

Se fermorno. Se fecero coraggio:
– Ah quell'omo! – je fecero, – chi sête? –
– Eh, – fece, – chi ho da esse'? So' un servaggio.

E voi antri quaggiú chi ve ce manna? –
– Ah, – je dissero, – voi lo saperete
Quanno vedremo er re che ve commanna. –

[Und die nun? – Die? Ja, folgendes passierte: / Während sie da mitten im so hohen / Gestrüpp, um in den Wald zu dringen, / die Zweige mit dem Messer kappten,
Sahen sie einen irren Typ, mit einem Kopf / so bunt bemalt als wär's ein Spielmännchen, / halb nackt bekleidet, mit einem Kamm / ganz aus den Federn vieler Vögel.

Adriano Zannino: Illustration zu Son. XXIX, in: C. P., La scoperta […], Mailand 1976.

Da hielten sie. Und rissen sich zusammen: / Hallo, Sie da! – riefen sie ihm zu – Wer seid Ihr? / Nun, wer schon? – sagte der – Ich bin ein Wilder. Und Ihr?, Und wer hat euch hierhergeschickt? / Nun, sagten sie, das werdet ihr erfahren, / wenn wir den König sehen, der euch befiehlt.]

Die vierte und letzte Sonettgruppe (XXXIX–L) füllt Pascarella mit der Rückreise, mit des Berichtenden Empörung über späteren Undank sowie abschließend mit der Laudatio des Entdekkers. Die Laudatio gipfelt in der Feststellung: »Cristoforo Colombo era italiano« (XLVII, 14) – analog zu so vielen anderen, die Großes leisteten (Son. XLVIII):

E l'italiano è stato sempre quello!
E si viè' 'n forestiere da lontano,
Sibbé' ch'ha visto tutto er monno sano,
Si arriva qui s'ha da cavà er cappello.

Qui Tasso, Metastasio, Raffaello,
Fontan de Trevi, er Pincio, er Laterano,
La Rotonna, San Pietro in Vaticano,
Michelangelo, er Dante, Machiavello …

Ma poi nun serve mo che t'incomincio
A dilli tutti: tu si te l'aggusti
Tutti 'st'òmini qui, vattene ar Pincio.

E lí, mica hai da fa' tanti misteri:
Ché quelli busti, prima d'esse' busti,
So' stati tutti quanti òmini veri.

[Der Italiener ist auch immer so gewesen! / Und wenn ein Zugereister aus der Ferne kommt, / selbst wenn die ganze Welt er schon gesehen, / muß er den Hut ziehn, wenn er hier sich umsieht.
Hier Tasso, Metastasio, Raffaello, / der Trevi-Brunnen, der Lateran, der Pincio, / die Rotonda, Sankt Peter auf dem Vatikan / Michelangelo, und Dante, Machiavello …

Es hätte wenig Sinn, wenn ich versuchte, / dir alle aufzuzählen. Wenn du alle / sehen willst, geh hinauf zum Pincio-Hügel.
Dort brauchst du dir nichts vorzumachen: / denn all die Büsten waren, bevor sie / Büsten wurden, / alles echte Leute.]

Sowohl hier als auch aus vorausgehenden Anlässen erweist sich, daß Pascarella nicht ausschließlich Handlung schildern, sondern Handlung gelegentlich zu Betrachtungen, Schlußfolgerungen nutzen läßt. Schlußfolgerungen aus der Sicht des popolano von 1886/1894 und daher verknüpft mit damals aktuellen Themen, Problemen, Forderungen. »Ar Pincio« (v. 11): Entlang den Parkalleen des Pincio-Hügels hatte Mazzini 1849 im Verlauf der kurzlebigen Römischen Republik die Büsten großer Italiener aufstellen lassen, die sich seit 1870 kontinuierlich vermehrten. Der Rom-Führer von Gsell-Fels kommt in der Auflage von 1883 auf 126 Stück, darunter – Nr. 29 – Columbus... Im romanesken Poemchen *Li busti ar Pincio. Confidenze d'un guardiano* ([1]Rom 1907) wird Luigi (Giggi) Pizzirano (1870–1946) den im Untertitel genannten Wächter die ephemeren Kritzeleien ephemerer Liebespaare auf Dantes Nase, auf Tassos Schnurrbart und Parinis Hals beklagen lassen. Nun, der Columbus-Büste erging es 1892 noch schlimmer, wurde sie doch zum Zankobjekt für papsttreue Kerikale und freimaurerische Nationale. Im Juli des Jahres hatte Leo XIII. in einem Sendschreiben an den iberischen und italienischen Episkopat die seit Jahrzehnten laufende Kampagne für eine Heiligsprechung des Entdeckers endgültig abgeblockt, aber doch die apostolischen Meriten mit einem nicht minder dezidierten »Columbus noster est« honoriert. »Anticolomibani« nannten sich, pour cause, in jenen Jahren »i piú spinti anticlericali«, erfahren wir von Spadolini, der auch an den peinlichen, von den Chronisten der Zeit festgehaltenen Vorfall erinnert: Als eine Delegation römischer Katholiken im Jubiläumsjahr vor der Büste auf dem Pincio einen Kranz mit der Aufschrift »Roma cattolica« niederlegen wollte, wurden sie von Andersdenkenden tatsächlich angegriffen. Es kam zu einer Schlägerei, in deren Verlauf die Columbus-Büste zu Boden kippte und zerbrach. Moral: Wer im Erscheinungsjahr von *La Scoperta de l'America* auf das dortige Sonett 48 stieß, konnte, ja mußte sich an die genannte Rauferei zwischen den Anhängern der »due Rome« bzw. der »due Italie« just zu Füßen des großen Landeskindes erinnern.

Ähnliches gilt für die antiklerikale Tirade im Sonett IX, über deren Doppelbödigkeit man heute leicht hinwegliest. Geschichtsimmanenter Anlaß ist die Hinhaltetaktik, der sich Columbus in Spanien höfischer- und geistlicherseits ausgesetzt sah. Denn »secondo me« – so der trasteverino im vorausgehenden Sonett VIII –

... ne li segreti
De quer complotto lí, ma manco a dilla,
C'era sotto la mano de li preti.

[Wenn ihr mich hören wollt: im Hintergrund / von dem Komplott, muß man's noch sagen, / hatten die Pfaffen mit die Hand im Spiel.]

Es folgt, mit direkter Apostrophierung der Zuhörerschaft im Wirtshaus, die generalisierende Schmähung:

Ché méttetelo in testa, che er pretaccio
È stato sempre lui, sempre lo stesso.
Er prete? è stato sempre quell'omaccio
Nimico de la patria e der progresso.

E in quelli tempi lí, si un poveraccio
Se fosse, Dio ne scampi, compromesso,
Lo schiaffaveno sotto catenaccio,
E quer ch'era successo era successo.

E si poi j'inventavi un' invenzione,
Te daveno per forza la tortura
Ner tribunale de l'Inquisizione.

E 'na vorta lí dentro, sarv' ognuno,
La potevi tené' piú che sicura
De fa' la fine de Giordano Bruno.

Adriano Zannino: Illustration zu Sonett IX, in: C. P.: La scoperta […], Mailand 1976.

[Denn das muß klar sein: daß der miese Pfaffe / nie anders war, sich nie geändert hat. / Der Pfaff? War stets der üble Typ, / ein Feind des Fortschritts und des Vaterlands.
Und damals erst! Wenn da ein armer Kerl / sich – Gott bewahre – arg kompromittierte, / dann schmiß man ihn gleich hinter Schloß und Riegel, / und was geschehen war, war geschehn.
Und wenn du gar eine Erfindung fandest, / kamst du ganz logisch auf die Folterbank / im Tribunalbau der Inquisition.
Und wenn du, lieber Himmel, da erst drin warst, / dann konntest du in Sicherheit dich wiegen, / daß du so draufgingst wie Giordano Bruno.]

Unnötig, die Deckungsgleichheit der Ansichten Pascarellas und seines popolano zu betonen. Wer hier – in der Urbs, in der Hauptstadt des jungen Regno d'Italia – die Summe klerikaler Opposition gegen »patria« und »progresso« ziehen will, denkt nicht nur an die – historisch in dieser Verallgemeinerung ohnehin unzutreffenden – Vorbehalte, die Columbus in Spanien, namentlich in Salamanca zu spüren bekam. Er denkt vielmehr zugleich an kirchliche, ja kirchenstaatliche Fortschrittsfeindlichkeit jungen und jüngsten Datums, etwa unter Gregor XVI., dem vorletzten (1831–1846) Papst des »Potere Temporale«, aber auch noch unter Pius IX. (1846–1878), dessen Tod zur Entstehungszeit unseres Sonettzyklus' nur ein Dutzend Jahre zurücklag und dessen Unversöhnlichkeit dem Streit zwischen den orthodoxen Anhängern des »Gefangenen im Vatikan« und den Nationalisten Jahr für Jahr neue Nahrung gab. Von Pascarella nicht unwillkürlich gewählt ist das Opfer einstiger Inquisitionsverfolgung Giordano Bruno, der 1600 auf dem Campo de' Fiori, Roms Viktualienmarkt, lebendig verbrannt worden war. Die politischen Umwälzungen seit den 40er Jahren hatten auch das Interesse an der Persönlichkeit des – geistlichen! – Naturwissenschaftlers und Philosophen wiederbelebt. 1891, also während Pascarella an seinen Sonetten schrieb, kam die 1879 von Francesco Fiorentino iniziierte und staatlich subventionierte Bruno-Ausgabe zu ihrem Abschluß. Gleichzeitig erblühte auf italienischem Boden eine denkbar üppige, wissenschaftliche wie popularisierende Bruno-Literatur. Und nicht genug, daß der

Philosoph aus Nola gleich dem Seemann aus Genua auf dem Pincio eine Büste erhalten hatte: Um 1887 reifte der Plan, auf dem Platz der einstigen Verbrennung ein Denkmal zu errichten. Nach anfänglichen administrativen Hemmnissen war es am 11. Juni 1889 soweit: Die Enthüllung der vom (freimaurerischen) Bildhauer Ettore Ferrari geschaffenen Statue schwoll – durch zwanzigtausend Anwesende, durch passionierte Festreden – zu einer nationalen, schon seit Jahren international (Ernest Renan, Victor Hugo...) gestützten Demonstration gegen weltanschauliche und politische Fortschrittsfeindlichkeit an. Entsprechend herb war die Reaktion der Kurie und des Papstes; Leo XIII. trug sich sogar vorübergehend mit dem Gedanken, Rom zu verlassen.

Pascarella, das spürt man, fühlt sich dem antiklerikalen, republikanischen Italien-Konzept Giuseppe Mazzinis verpflichtet. Der Ton, in dem Columbus – eher vorschlagend, fordernd denn bittend – mit dem König von Spanien umgeht, zwingt die Vermutung auf, daß der Genuese – und der römische Kneipenchronist mit ihm – das gekrönte Haupt nicht ganz für voll nimmt. Letzterer wiederum wirkt auf uns, als sei er, mitunter argumentativ, in die Enge getrieben, um Erklärungen und Rechtfertigungen bemüht – als handle es sich nicht um den Frühabsolutisten aus Aragón, sondern um den zeitgenössischen Konstitutionsmonarchen aus dem Haus Savoyen. So besonders in Sonett VI. Man kann sogar so weit gehen zu unterstellen, daß die Einflechtung von Zeitbezügen in die Handlungsschilderung, ja die Hereinnahme des Vergangenen in die Gegenwart kraft der gegenwartsbedingten, interpretierenden Schilderung des popolano eine ausgewogene Wertung des Entdeckers und seiner Tat bewußt preisgibt. Das eurozentrische Selbstgefühl, das Bewußtsein bzw. Vorurteil kultureller Überlegenheit, die den Stil der Centenarfeiern von 1892 weltweit (auch in Übersee) kennzeichnen, begegnen auch in *La Scoperta de l'America*: ohne Abstriche, ja sogar befrachtet mit topischen, zum Teil hypertrophen oder elektrischen Exotismen.

»La Scoperta de l'America« – schreibt Antonio Gramsci, zu dessen Büchern, die er in qualvoller faschistischer Einzelhaft erbeten und erhalten hatte, auch Pascarellas Zyklus zählte – »mostra come le nozioni, diffuse dai manuali scolastici e dalle ›Università popolari‹, su Cristoforo Colombo [...] possano essere bizarramente assimilate.« [*La Scoperta* veranschaulicht, wie Columbus-Informationen von der Art, wie sie von Schulbüchern und Volkshochschulen vermittelt werden, auf recht eigentümliche Weise assimiliert werden können.]

Die Trivialisierungen und Eklektizismen bewegen sich, wie gesagt, im Rahmen des um 1892 Üblichen. Sie einem einzelnen Literaten (oder Künstler) anzulasten, wäre ungerecht. Originalität erstrebte Pascarella auf einer anderen Ebene: durch sein Bemühen, Geschichte – mit welchen Akzentuierungen auch immer – populär, volksgemäß, dem Volk akzeptabel zu machen. Dies geschieht zum einen durch die Wahl der Erzählperspektive und die Personen des Erzählenden, zum anderen durch die Definition von Geschichte schlechthin durch ebendiesen Erzählenden. Thomas Carlyle und Historiker nach ihm verstanden Geschichte als Abfolge einzelner, von einigen wenigen heroischen Individuen vollzogener Großtaten. Ein historischer Großtäter bleibt Columbus auch in *La Scoperta de l'America* – aber einer von der humanen Sorte. Durch sein – wie der popolano ihn sieht – gewitztes, selbstsicheres, mit dem König fast auf der Du-per-du-Ebene umgehendes Verhalten entfacht er in der römischen trattoria patriotischen Stolz, aber auch komplexfreie, »klassenlose« Sympathie. Im bekannten, immer wieder zitierten Sonett V rühmt der popolano Geschichte zunächst als Abfolge realer Ereignisse, als »er naturale / De li fatti de tutte le persone« (v. 7 f.) im Gegensatz zu den »Erfindungen« in den »anderen Büchern« (v. 4 und 1). Sodann sieht und rühmt er die großen Einzeltaten, etwa die Entdeckung Amerikas durch Columbus, aber er wertet zugleich als Bestandteil von Geschichte den äußerlich unbedeutenden eigenen und seiner Freunde Alltag (v. 9–11):

Vedi noi? Mo noi stiamo a fa' bardoria:
Nun ce se pensa e stamo all'osteria;
ma invece stamo tutti ne la storia.

[Sieh uns: Wir haben hier grad unsern Spaß, / denken nichts weiter, sitzen in der Kneipe, / wo wir doch alle in der Geschichte sind.]

Was Brechts lesender Arbeiter fragen wird, begegnet hier als selbstbewußte Feststellung: Geschichte besteht nicht nur aus großen Machern, sondern auch aus kleinen Miterlebenden.

Der Aufwertung des einfachen Mannes aus dem Volke zum Geschichte reflektierenden Mitgestalter oder Berichterstatter von Geschichte entspricht – formal – der Stellenwert der hierfür verwendeten Sprache. Es ist der Dialekt, die »volkseigene« Mundart, vom Dichter Pascarella nicht ins Hochitalienische gegossen, sondern lediglich metrisch zu einer Reihe von Sonetten geformt. Giuseppe Belli hatte wie kein anderer vor und nach ihm die poetische Sprengkraft des ach so vulgären heimischen vernacolo unter Beweis gestellt. Von Belli wird andererseits gern die haßliebend abwertende Ansicht zitiert, das romanesco sei kein Dialekt, ja nicht einmal eine Volksversion des Italienischen, sondern nur eine Korrumpierung, ja eine Verunstaltung desselben. Pascarella hingegen bescheinigte dem romanesco in einem Gespräch von 1895 nichts Geringeres denn Gleichrangigkeit, ja Austauschbarkeit mit dem Hochitalienischen, darüber hinaus sogar eine konkretere, unkompliziertere, weil von den semantischen Nuancierungsmühlen der Dichter und Denker vieler Jahrhunderte verschonte Aussagekraft.

Eine Entprovinzialisierung und Nobilitierung des romanesco somit, denen – historisch – die Anbindung Roms an die Geschichte und Kultur(en) Gesamtitaliens seit 1870 entsprach. Bezeichnend war denn auch die ambivalente Reaktion der Öffentlichkeit auf *La Scoperta de l'America*: mißgünstig-abfällig seitens der thematisch im Regionalen verharrenden Poeten; reißender Absatz der zahlreichen Auflagen (und Raubdrucke im Zeitungsformat, an Roms wie Mailands Straßenecken von den strilloni feilgeboten); Autorenlesungen vor begeisterten Hörern in Mailand, Bologna (wo Carducci die Einführungsworte sprach) und weiteren Städten der Lombardei und im Veneto. In Triest, 1895 noch Teil der Italia irredenta, konnte Pascarella seinen Text nur mit Zensurauflagen lesen. Daraufhin markierte er die auferlegten

Lakunen durch Kunstpausen, die das Publikum mit noch lebendigerem Applaus als die gesprochenen Verse füllte.

Beliebt und populär sind Pascarellas Volkserzähler und seine Geschichte auch in nachfolgenden Jahrzehnten und »Jubiläen« geblieben. Am Vorabend des Quinto Centenario beweist es eine szenische Rezitation in Genua (s. den Beitrag von Vittoria Curlo in diesem Heft) ebenso wie die großformatige bibliophile Ausgabe von 1976 mit den fulminant komischen Illustrationen von Adriano Zannino.

Literatur

Cesare Pascarella, *I sonetti. Storia nostra. Le prose.* Mondadori, Mailand [7]1974 (I Classici Contemporanei Italiani), S. 89ff.: *La scoperta de l'America.*

Cesare Pascarella, *La scoperta de l'America,* illustrata da Adriano Zannino. Prefazione di Libero Bigiaretti, Mondadori, Mailand 1976.

Edoardo Bizzarri, *Vita di Cesare Pascarella,* Bologna 1941.

Antonio Gramsci, *Quaderni del carcere.* Edizione critica dell'Istituto Gramsci, a cura di Valentino Gerratana, 4 Bde. Einaudi, Turin 1975, Bd. 3 (unser Zitat S. 990).

Paul Heyse, *Cesare Pascarella. Die Entdeckung Amerikas (La scoperta de l'America),* in: Deutsche Rundschau, Bd. 132, 1907, S. 342ff. [mit Übersetzung einiger Sonette].

Gaetano Mariani, *Cesare Pascarella,* in: Vittore Branca (Hg.): Dizionario critico della letteratura italiana, Bd. 2, UTET, Turin 1974, S. 778ff.

Giovanni Orioli, *Cesare Pascarella,* in Letteratura italiana. I minori. Bd. 4, Marzorati, Mailand 1962, S. 3257ff.

Marco Salotti, *Admiral of the Ocean Sea. La radio di Orson Welles alla scoperta dell'America,* in: Columbeis I, 1986 [Università di Genova. Facoltà di Lettere], S. 207ff.

Fabrizio Sarazani, *Vita di Cesare Pascarella,* Rom 1957.

Giovanni Spadolini, *L'opposizione cattolica da Porta Pia al '98,* Mailand 1976 (Oscar Studio Mondadori, Bd. 37) [[1]1972], S. 240f. über die Pincio-Schlägerei von 1892.

Vittoria Curlo

Christoph Columbus in der italienischen Literatur der letzten Jahre

Anläßlich »runder« Jubiläumsdaten steigt die Zahl literarischer Werke über Personen und Fakten, die das Datum ins Gedächtnis zurückruft. Daher bereits seit einigen Jahren das neu erblühte Interesse für den Entdecker Amerikas und für die Epoche, in der er lebte. Hier zunächst die Namen italienischer Historiker, die in jüngster Zeit wichtige Monographien und Aufsätze vorlegten: Paolo Emilio Taviani, Dario G. Martini, Ilaria Luzzana Caraci, Pier Augusto Gemignani, Francesco Surdich, Giorgio Spina und Gaetano Ferro.

Im fiktionalen Bereich entstehen einerseits anlaßgebundene, traditionelle, d. h. in Stil und Inhalt an das vorausgehende Jahrhundert gemahnende Produkte, oft arg rhetorisch und nicht eben originell. Andererseits wuchs im Lauf der Jahre die Einsicht, daß etliche Seiten der realen Person Columbus nach wie vor im dunkeln liegen bzw. widersprüchliche Deutungen zulassen. Die Folge: Viele Autoren boten Pseudovertiefungen von Columbus' Charakter, projizierten Werte, Erwartungen, Postulate ihrer eigenen Gegenwart auf Person und Verhalten des Entdeckers – so etwa, wenn sie ihn zum Initiator des Kolonialismus, der Unterdrückung der amerikanischen Urbevölkerung abstempelten.

Die jüngsten italienischen Arbeiten über den Admiral sind recht verschiedener Art und reichen von Gedichten zu Anthologien, zu einem »historischen Krimi«, zum Theater – in Form zweier Dramen und einer Trilogie – bis hin zur Musik, mit einer szenischen Kantate.

Nebenher sei vermerkt, daß mit Blick auf 1992 auch einige frühere Columbus-Literarisierungen neu aufgelegt wurden bzw. werden sollen: Aus dem Columbus-Romanzyklus (1891–1894) von Anton Giulio Barrili (1826–1908) liegt *Le due Beatrici* ([1]1891) bereits wieder vor (Nuova Editrice, Genua 1990), die übrigen Bände – *Terra vergine, I figli del cielo, Fior d'oro* – sollen folgen.

Blicken wir zunächst auf eine Anthologie von Gedichten und Textauszügen verschiedener Autoren: *Liguria, terra di Colombo – Antologia ligure-colombiana* (hg. von Marco Delpino. Ed. Tigullio-Bocherontius, S. Margherita Ligure 1990). Einige triumphalistische Töne im Geschmack des 19. Jahrhunderts sind zwar unüberhörbar; trotzdem stoßen wir auch auf gefällige Texte, in denen die menschlichen Seiten des Seefahrers zur Geltung kommen. So in Alberto Pasolinis imaginärem Interview (in genuesischem Dialekt) mit der Mutter, Susanna Fontanarossa. Titel: »Parla a moae de Colombo«. Dort lesen wir u. a.:

> »O l'aveiva a pascion pe o disegno e insemme a seu frae Bertommé o disegnava de carte geografiche e di mappamondi [...]. L'é coscì che lé'o l'ha començou a fantasticà pensando a 'na retta pe andà in te Indie e in ta Cinn–a [...].« [»Er hatte eine Passion für das Zeichnen, und mit seinem Bruder Bartolomeo zusammen zeichnete er geographische Karten und Atlanten [...]. Und so hat er angefangen zu phantasieren und über einen Weg nachzudenken, um nach Indien und nach China zu gelangen [...].«] (S.66)

Im Auszug (ebd. S. 66) aus dem Poem *Colombo* von Francesco Vichi werden neben Columbus auch andere ligurische Seefahrer gewürdigt.

Im Mai 1991 erschien ein langes Poem in Stanzen (4000 Verse) von Gilberto Parisotto. Titel: *Colombíade – La scoperta dell'-America* (Ed. Nuovi Autori, Mailand). Dort entfaltet sich das Leben von Christoph Columbus in der Art der italienischen Epik, allerdings unter Verwendung des einfachen und alltäglichen Stils vom Typ Bänkelsang. Das Werk, unterteilt in fünf Gesänge, erzählt in chronologischer Reihenfolge die Geschichte des Seefahrers bis zu seiner triumphalen Rückkehr (Frühjahr 1493) von der ersten Reise und stellt der Menschheit eine leuchtende Zukunft in Aussicht. Das Ganze, vor allem der erbauliche, von hohem Optimismus getragene Schluß wendet sich, wie wir vom Autor erfahren, in erster Linie an die Jugend.

Unter den Werken der allerletzten Jahre besticht vor allem der Thriller von Ruggero Marino *Cristoforo Colombo e il papa tradito* (Newton Compton Editori, Rom 1991) [*Christoph Columbus und der verratene Papst*]. Der Autor definiert sein Opus als »un'inchiesta giornalistica a sfondo giallo« [»journalistische Untersuchung mit kriminalistischem Hintergrund«], in dem die charakteristischen Züge des Kriminalromans mit denen des historischen Essays verquickt werden und das im übrigen die gewichtige Frage aufwirft, wer in Wirklichkeit die Geldgeber für die erste Reise (1492/93) waren.

Bislang hatte nahezu niemand an der Rolle der spanischen Monarchie gezweifelt: Es sei jedoch möglich – so Marino –, daß diese Version etwas eilfertig hingenommen wurde, das Problem noch nicht völlig geklärt sei. Der Autor selbst ist trotz anfänglicher Skepsis davon überzeugt, daß viele Anzeichen statt auf Isabel von Kastilien auf den 1432 in Genua geborenen Papst Innozenz VIII. Cibò (1484–1492) verweisen, wobei als Vermittler Vertrauenspersonen dienten, die in dem von Columbus frequentierten Ambiente bestens eingeführt waren.

Alles beginnt mit der Ankunft eines seltsamen Briefes in der römischen Tageszeitung, in der Marino arbeitet. Auch wir als Leser durchlaufen Schritt für Schritt die überraschenden Abenteuer, die die Ermittlungen begleiten, ausgehend von dem Augenblick, wo Marino, zunächst nur rudimentär vorgebildet, mit wachsender Leidenschaft zu forschen beginnt, trotz gewisser anfänglicher Zweifel, und, mitten im allgemeinen Skeptizismus, auch die Hintergründe zu erfassen sucht, zumal da ein geheimnisvoller Graf in das Geschehen tritt, der sich als Abkömmling des Papstes Cibò bezeichnet.

Trotz der Ungläubigkeit der Historiker, trotz allerlei Listen und Ablenkungen, ja sogar Einschüchterungsversuchen, die dem Detektiv den Weg zur Wahrheit versperren sollen, kommen Dinge zum Vorschein, und die Verdachtsmomente mehren sich. Am Schluß, als mit einem coup de théâtre die Identität des »Grafen« enthüllt wird, hat die Hypothese, daß die Finanzierung der Ozeanreise durch Papst Innozenz VIII. erfolgte, endgültig Konsistenz bekommen.

Vom Autor erfuhr ich, daß die Nachforschungen andauern in der Erwartung, daß endgültige Beweise ans Licht kommen. Alles scheint darauf hinzuweisen – so Marino –, als würden Columbus und ›seinem‹ Papst in absehbarer Zeit Wahrheit und Gerechtigkeit zuteil.

Einige Schriftsteller nutzten auch die Bühnengattung. Da ist zum Beispiel *L'Ammiraglio e le sette lune* (EGIC, Genua 1989) [*Der Admiral und die sieben Monde*], geschrieben von Dario G. Martini in reimlosen Elfsilbern. Martini ist auch sonst ein ausgewiesener Sachkenner, u. a. durch seine materialreiche, rezeptionsgeschichtlich angelegte Monographie *Cristoforo Colombo tra ragione e fantasia*, EGIC Genua 1986. In *L'Ammiraglio e le sette lune* wählte er als szenischen Ausgangspunkt den Festzug von Wagen, Tanzgruppen, Majoretten in einer beliebigen nordamerikanischen Stadt am Columbus Day. Im Verlauf dieses Korsos, der an die Karnevalszüge von Viareggio erinnern mag, beschwört er die wichtigsten Episoden der Entdeckung Amerikas herauf, unter Einblendung kurzer Bilder von dem, was bis in unsere Tage hinein daraus geworden ist. Die szenischen Höhepunkte werden angemessen musikalisch unterstrichen: so u. a. die zehn Karren des Festzuges von ebenso vielen Szenenmusiken, die von genuesischen und spanischen Liedern des 15. und 16. Jahrhunderts inspiriert sind. Sie wurden von Leopoldo Gamberini[1] eigens geschaffen, und zwar für Instrumente der genannten Epochen.

Martini durchleuchtet die Psyche des Protagonisten durch mehrere Dialoge. Die Dialoge illustrieren die Beziehung des Entdeckers zur Königin Isabel, zum Sohn Diego, zu den Brüdern Pinzón und zum Freund Gutiérrez, desgleichen die Konflikte mit dem Koch Espinosa bzw. mit den Hofbeamten. In einem der vier Dialoge mit den bornierten Vertretern der genuesischen und portugiesischen Bürokratie etwa lesen wir (und fühlen uns an eigene Zeiten erinnert):

Primo funzionario: Cristoforo Colombo... Chi vi manda?
Ah sì, ricordo, già, il notaio Gallo
per quel progetto... Forse l'acquedotto?

No, un'altra cosa, ma l'acqua c'entrava,
mi pare almeno. Un' idea coraggiosa…
[…]
Adesso è prematuro riparlarne.
Tra un anno, forse, o cinque, chi lo sa… (S. 21 f.)
[Erster Beamter: Christoph Columbus… Wer hat Sie hergeschickt?«
Ah ja, ich erinnere mich, ja, der Notar Gallo
wegen dieses Projektes… Vielleicht das Aquädukt?
Nein, was anderes, aber mit Wasser hatte es zu tun,
glaube ich wenigstens: Eine mutige Idee…
[…]
Jetzt ist es noch zu früh, wieder davon zu sprechen.
In einem Jahr vielleicht, oder in fünf, wer weiß!…]

Martini unterstreicht im übrigen zahlreiche Übereinstimmungen zwischen dem Charakter des Columbus und dem widersprüchlichen Wesen des heutigen Amerika (»quanto lui tu sei complessa e arcana«) [»du bist, ganz so wie er, komplex und geheimnisvoll«]. Das Werk beschließt eine nicht übermäßig originelle Parallele zwischen der Reise des Columbus und den Weltraumflügen.

Von Dario G. Martini stammt ferner ein kurzes Theaterstück unter dem Titel *Colombo e la sabbia*. Sand versinnbildlicht das Dahingleiten der Zeit mit Bezug auf die Sanduhr, die sich an Bord jeder Karavelle befand und von einem Schiffsjungen regelmäßig umgedreht wurde. Das – bislang ungedruckte – Stück wurde am 25. Mai 1991 im »Fabbricone«-Theater von Prato mit Erfolg uraufgeführt; die Gruppe »Teatro di Piazza e d'Occasione« spielte unter der Regie von Edoardo Donatini.

Der Text wiederholt zwar, gekürzt bzw. wortwörtlich, einige Passagen aus *L'Ammiraglio e le sette lune*, u. a. die Dialoge mit den genuesischen Beamten bzw. mit dem Sohn Diego. Trotzdem fallen beide Werke recht verschieden aus, sowohl hinsichtlich der Intention des Autors als auch des Ergebnisses… Unseres Erachtens ist der kürzere Text, also *Colombo e la sabbia*, der gelungenere.

Das Stück präsentiert uns in einem Labor (das an die »Bottega del Teatro« von Vittorio Gassmann in Florenz erinnern könnte...) zwei Lehrlinge, die das wechselvolle Leben des Columbus diskutieren. Sie schlüpfen in die Rolle des Seefahrers und seines Alter ego und versuchen, durch Betrachtung der Schlüsselepisoden und Hauptpersonen im Leben des Entdeckers dessen Persönlichkeit und Charakter zu verdeutlichen. Auf diese Weise stellen sich die zeitlosen, stets gleichen Fragen, die jeder sich stellt, wenn er den Sinn des Lebens zu ergründen sucht. Die Gewissenserforschung des Entdeckers vis-à-vis mit seinem Alter ego involviert mehrfach verschiedene weitere Personen: feindlich gesonnene wie der Koch Espinosa oder der uns bereits vertraute Beamte oder Freunde wie Bartolomeo, der Bruder, bzw. Pedro Gutiérrez. Und sie relativiert oder demontiert gar unbegründete, illusorische »Gewißheiten«, an deren Stelle sodann Dinge treten, auf die es letztendlich wirklich ankommt. »Quel che vale« – heißt es an einer Stelle – »è il varco da cercare [...]. La felicità più vera non consiste nel toccare una meta, ma in cercarla e se tu inciampi non importa...« [Was zählt, ist die Suche nach dem richtigen Weg [...]. Das eigentliche Glück besteht nicht im Erreichen eines Ziels, sondern in der Suche; wenn du mal ausrutschst, macht das nichts. Das Alter ego (eine Art Double, wie ihn schon Paul Claudel in seinem *Livre de Christophe Colomb* (1927) eingeführt hatte), drängt dem Entdecker wiederholt Zweifel auf, zeigt ihm seine Irrtümer, seine Untaten:

Alter ego: *Un 'ombra ancora, ancora un 'ombra, l'ultima.*

Colombo: *Anacaona? La bella principessa. L'unica donna mai che m'abbia odiat. [...] Credo avesse negli occhi l'ira vindice per tutto il male ch'è precipitato sopra un mondo felice. La sua pena si specchia nel mio sogno frantumato.*

Alter ego: *Conquista? Incontro? Prezzo troppo alto quello che i tuoi le hanno fatto pagare. È la voce degli altri. Tutti gli altri che non sappiamo ancora rispettare.*

[Alter ego: *Ein Schatten wieder, noch ein Schatten, der letzte.*

Columbus: *Anacaona? Die schöne Fürstin. Die einzige Frau, die mich je haßte. [...] Ich glaube, sie hatte in ihren Augen den Rachehaß für all das Übel, das über eine glückliche Welt hereinbrach. Ihr Leid spiegelt sich in meinem zertrümmerten Traum.*

Alter ego: *Eroberung? Begegnung? Ein zu hoher Preis, den deine Leute ihr abverlangt haben. Es ist die Stimme der anderen. All jener, die wir immer noch nicht zu achten wissen.]*

Der Seefahrer läßt sich nicht unterkriegen. Er wehrt sich gegen die Kurzsichtigkeit der Beamten, gegen den Unverstand, die Mißgunst und den Neid der Welt, gegen Krankheiten, die Habgier der anderen, die Gewissensbisse, den Undank der Nachwelt, gegen den Verrat seiner eigenen Leute und gegen die Angst vor dem Tod und vor dem Nichts. Er verkörpert auf diese Weise die generelle Suche nach Glück, den langsamen, mühsamen Weg hinauf zum Glück. Wenn das Leben keinen Sinn hat, müssen wir ihm einen Sinn geben, »darauf hinwirken« – so der Autor im Geleitwort –, »daß unsere Reise und unser Leben sich eigenständig eine Bedeutung schaffen«. Das Thema der Reise wird somit Metapher für in Tat umgesetzte Existenz, stünde für den Weg, den jeder von uns zu beschreiten hat auf der Suche nach sich selbst.

Martini schrieb das Stück in erster Linie für Jugendliche im Oberschulalter. Grundsätzliche Thematik und formale Prägnanz ziehen jedoch auch kundigere Zuschauer in ihren Bann.

Kommen wir zu einem weiteren Bühnengeschehen des vergangenen Jahres, zur *Trilogia colombiana* (1991), einer Folge von szenischen Rezitationen, zusammengestellt von Marcella Uffreduzzi, einstudiert von Raffaello Lavagna. Eingeleitet wird die *Trilogia* von einem schwermütigen Bekenntnis-Monolog des Entdeckers; sie entwickelt sich im zweiten Teil zur tragischen Veranschaulichung der Eroberung Amerikas auf Kosten der Eingeborenen und mündet schließlich in eine volkstümlich-burleske Deutung der Entdeckung.

Text I der Trilogie »Io, Cristoforo Colombo«, für Sprecher und Chor, stammt von Marcella Uffreduzzi. Ein monologischer Rückblick. Columbus erzählt, wie er, einsam mit seiner Zuversicht, seinen Zweifeln, seinen Ängsten die Verwirklichung des Plans, an den er so inständig geglaubt hatte, in Angriff nahm. Der Ton dieser Beschwörung von Erinnerungen ist melancholisch, elegisch, mitunter schmerzerfüllt; der Ton eines Menschen, der, in seinem Wissensdrang befangen, nicht sicher ist, den wahren Sinn des Lebens erfaßt zu haben: »La mia vita è passata come un fiume in piena [...]. Ho imparato forse troppo tardi come vivere con me stesso, con gli uomini, con Dio...«

[Mein Leben ist dahingegangen wie ein Fluß mit Hochwasser [...]. Vielleicht habe ich zu spät gelernt, wie man mit sich selbst lebt, mit den Menschen, mit Gott.] Der Bericht schließt mit einer Bitte des Entdeckers an die Nachfahren: Es liege ihm nichts an Ruhm und Ehrungen, sondern nur daran, in ihrem Gedächtnis zu bleiben.

Aber er hat doch jenen den Weg geöffnet, die nach ihm dieselbe Route nahmen – scheint ihm Pablo Neruda entgegenzuhalten, in »Los Conquistadores«, aus *Canto General de Chile*. Denn in der Trilogie bildet »Los Conquistadores« den zweiten, mittleren Teil, der die Geschichte der Entdeckung, Eroberung und Besetzung der Neuen Welt aus der Sicht der betroffenen Eingeborenen zeigt. Es ist der Aufschrei jener – und auf diesen Aufschrei hört die Welt heute besser hin als früher –, die von den über sie hereinbrechenden Eroberern die beispiellose Habgier, die Versklavung, die Grausamkeiten erdulden mußten, oft bis zur völligen Ausrottung.

Nach dem elegischen Grundton von Teil I und dem tragischen Conquista-Nachvollzug von Teil II tritt uns in Teil III eine humoristische Columbus-Vita entgegen, speziell als Antithese zur einleitenden Selbstdarstellung, und zwar in Gestalt einer szenischen Umsetzung von *La Scoperta de l'America*, dem berühmten Sonettzyklus in römischem Dialekt ([1]1894) von Cesare Pascarella (1858–1940). So ein Abschluß wirkt fast wie eine Katharsis, dank der Gutartigkeit, aber auch der wachen, durchdringenden Intelligenz des römischen »popolino«, aus dessen Sicht Pascarella das Entdeckungsgeschehen nacherzählen läßt. So klingt zum Beispiel die abschließende, erfolgreiche Verhandlung zwischen Columbus und Isabel folgendermaßen:

Regina Isabella:	*Mi scusi le domande*
	mi scusi: lei che vò?
Colombo:	*Tre navicelli.*
Regina Isabella:	*E ognuno, putacaso, quanto granne?*

Colombo: *Beh, dico io, sur genere di quelli*
che portano er marsala a Ripa Granne.
[Königin I.: *Entschuldigen Sie die Frage, entschuldigen Sie:*
Was brauchen Sie überhaupt?
Columbus: *Drei Schiffchen.*
Königin I.: *Und jedes davon, bitteschön, wie groß?*
Columbus: *Nun, sage ich, etwa so wie die, die den Marsala-Wein in unseren Ripa-Grande-Hafen bringen.]*

Mit gutem Grund wurde in jüngster Zeit Pascarellas Sonettzyklus auch von anderen Schauspielern wiederaufgegriffen. In der Trilogie sorgt er für einen anmutigen, überzeugenden Abschluß – vielleicht auch mit dem Ziel, das Publikum daran zu erinnern, in welchem Maße das Phänomen Entdeckung in nachfolgenden Jahrhunderten nicht nur mit Columbus, mit Indios und Conquista gleichzusetzen ist, sondern auch Europas Bevölkerung in breitem Sinne tangierte, nicht zuletzt während der großen Emigrationswellen im vergangenen Jahrhundert.

Kommen wir zu einem weiteren Centenario-Werk. Am 28. September 1990 erlebte im Teatro Margherita in Genua die szenische Kantate *Cristoforo Colombo* eine erfolgreiche Uraufführung.[2] Die Musik – für Bariton, Chor und Orchester – schuf abermals Lorenzo Gambarini, und zwar auf der Basis einer kurzen Dichtung von Prof. Carlo Cormagi, der sich seinerseits auf Passagen des *Bordbuchs* stützt.

Die Handlung versetzt uns zeitlich in die Stunden unmittelbar vor der Landung. Columbus legt zunächst das ehrgeizige Ziel dar, dem er sein Leben weihte: die Suche des Ostens auf dem Westwege. Diese Suche freilich steht im Werk für die Bestrebungen des Menschen schlechthin: Wissenshunger, Macht, Reichtum, für den Drang auch, scheinbar aussichtslose Dinge anzupacken. Atmosphärische Ereignisse – Windstille, Sturm – entsprechen zwar der historischen Wirklichkeit, aber nicht so, wie das Bordbuch sie festhielt. Sie sind nur Vorwand zur Schilderung der Gemütsverfassung des Admirals und seiner Mannschaften sowie zur Unterlegung durch schöne musikalische Effekte: vom Zauber der Windstille (in Wirklichkeit eine der heikelsten Phasen der Überfahrt) gerät man in die Dissonanzen des Sturms, in

Giovanni Macchia
Der Fürst von Palagonia
Ungeheuer, Träume, Wunder

Die Geschichte der erschreckend schönen Villa Palagonia bei Palermo, der »Villa der Ungeheuer«, und ihres Schöpfers, des Fürsten Ferdinando Francesco II. Gravina. Mit zahlreichen Fotos der Villa und der Monstren im Garten.

156 Seiten
DM 29,– öS 198,–
ISBN 3-203-51134-7

Emilio Lussu
Marsch auf Rom und Umgebung

»Eine der wichtigsten autobiographischen Schriften der italienischen Literatur« *(Benedetto Croce)*, die in straffen Schilderungen und mitreißenden Dialogen die Lüge um Mussolinis Eroberung der Macht zerstört.

256 Seiten
DM 36,– öS 248,–
ISBN 3-203-51123-1

Emilio Lussu
Ein Jahr auf der Hochebene

»Ein Jahr auf der Hochebene« gehört mit Hemingways »A Farewell to Arms«, Barbusses »Le Feu« und Remarques »Im Westen nichts Neues« zu den eindringlichsten literarischen Schilderungen des Ersten Weltkriegs.

260 Seiten
DM 36,– öS 248,–
ISBN 3-203-51125-8

EUROPAVERLAG · WIEN · ZÜRICH

die aber das melodiöse gregorianische »Salve Regina« einmontiert ist. Analog zur Musik lebt auch der Text von Kontrasten: von den Kontrasten zwischen Meer und Land, Flaute und Sturm, Zuversicht und Entmutigung, Glaube und Verzweiflung, ja Wahnsinn. Columbus' Durchsetzungskraft sowie das Aufscheinen eines kleinen Lichts geben zuletzt endgültig Anlaß zur Hoffnung.

Das italienische Fernsehen hat 1991 versucht, den großen Genuesen durch eine Reihe von Sendungen zu ehren. Was dabei herauskam, entsprach nicht allen Erwartungen... Auf etwas höherem Niveau bewegte sich die Serie *Aspettando Colombo*, dank der Mitwirkung von Schauspielern wie Vittorio Gassmann, Gigi Proietti und anderen.

Fazit: Die fünfhundertste Wiederkehr des Entdeckungsjahres gab Anstoß zu vielen vielfältigen Literarisierungen der Entdeckergestalt. Im Gegensatz zu früheren Epochen, als vornehmlich und recht oberflächlich Heroismus, Mut, Sendungsbewußtsein und dergleichen gepriesen wurden, dominiert in Werken unserer Tage bei aller Vielfalt der Gattungen und Stilebenen das Anliegen, die Psyche, die Wesensstrukturen des Entdeckers zu verstehen und verständlich zu machen.

Anmerkungen:

1 Leopoldo Gambarini, Musikhistoriker an der Universität Genua, hat Musik für klassische und moderne Bühnenwerke (darunter *Anna Frank*) komponiert, ferner Oratorien, Symphonien, Chor- und Kammermusik. Er hat altgriechische, mittelalterliche, Renaissance- und Barockmusik entdeckt und erforscht, aufgeführt, auf Platten aufgenommen. 1958 gründete er die *Madrigalisti di Genova*, mit denen er in ganz Europa (im Juli 1980 in Erlangen) in mehr als fünfhundert vielbeachteten Konzerten auftrat.

2 Hierzu die Broschüre des Teatro Comunale dell'Opera di Genova, Spielzeit Herbst 1990, S. 11–17.

Übersetzung: Hildegard und Titus Heydenreich

Tobias Leuker

Eine Jubiläumsgabe aus Genua: Giorgio Bertone und das »wahre« Bordbuch

Cristoforo Colombo (für die Spanier: Cristóbal Colón), geboren 1451 in Genua, gestorben 1506 in Valladolid, stach für seine erste Atlantik-Überquerung am 3. August 1492 von Palos aus in See, erreichte am 12. Oktober die Insel Guanahani (später: San Salvador) und landete am 15. März 1493 wieder in Palos. Columbus' Bordbuch dieser ersten von insgesamt vier Reisen ist uns lediglich in gekürzter und redigierter Form überliefert: innerhalb der *Historia de las Indias* von Bartolomé de las Casas (1484–1566). Heutigen Lesern ist der *Diario del Primer Viaje* am bequemsten in der von Consuelo Varela besorgten Gesamtausgabe der erhaltenen Columbus-Texte zugänglich: Cristóbal Colón, *Textos y documentos completos*. Alianza, Madrid ^{2}1989. Und hier die gegenwärtig verbreitetste deutsche Ausgabe: Christoph Kolumbus: *Bordbuch*. Mit einem Nachwort von Frauke Gewecke, Frankfurt a.M. 1981

Columbus richtet sich explizit und exklusiv an das katholische Königspaar, dessen Erwartungen und Pläne – Gold für die conquistageschwächte Staatskasse, Absicherung und Ausbreitung des Christentums – ihm klar vor Augen stehen. Er kann diesen Erwartungen nur begrenzt entsprechen und übertüncht fehlende greifbare Resultate mit Anregungen zu effizienter Unterwerfung und Kolonisierung der aufgefundenen »indischen« Inseln.

Auch heutigen Lesern gibt dieses Bordbuch weniger, als es (womöglich) in Aussicht stellt. Nicht so das von Giorgio Bertone gebotene »wahre« Bordbuch...

Giorgio Bertone, 1949 in Porto Maurizio (Imperia) geboren, Literaturprofessor an der Universität Cagliari (mit Wohnsitz in Genua) und passionierter Segler, trat als Schriftsteller bereits 1986 mit *Percorsi andini* (Marietti, Genua) hervor, der literarischen Verarbeitung einer ausgedehnten Südamerikareise. Unter dem Titel *Il diario del viaggio* (1990, ebenfalls bei Marietti) läßt er Columbus die »Originalversion« seines Bordbuchs aufzeichnen...

Das Ergebnis ist ein intertextuelles Netzwerk von so großer Dichte und Brisanz, daß eine Lektüre des italienischen Buches ohne Seitenblicke zum spanischen das Lesevergnügen mehr als halbieren würde. Zusätzliche Raffinesse kommt dadurch ins Spiel, daß der im nachhinein angefertigte Text die Vorlage des älteren darstellen soll! Doch damit nicht genug: Um zu verdeutlichen, wie der Übergang von der »privaten« zur »offiziellen« Fassung in etwa abläuft, finden sich innerhalb der ersteren bereits einige Entwürfe für die »spätere« Vertextung, die jeweils unter der Sonderrubrik »Navigationsnotizen« laufen. Ihre Funktion wird wie folgt umrissen:

»Vorheucheln, verheimlichen, also; und nachdrücklich den Königlichen zu verstehen geben, worin die Kunst der Seefahrt bestehen kann und wer sie im Griff hat, an Bord und an Land.« (S. 28)

Der Mechanismus der Vertextung wird an einem Beispiel vorgeführt:

»Haben einen Fischkutter gekreuzt, Schreie und Gesten, um uns zu sagen, daß portugiesische Schiffe unterwegs sind, die uns suchen sollen. Welche Ehre! Sie werden sich vergewissern wollen, daß es nicht zu den Minen Guineas geht. Als ob ich nicht wüßte, wollte ich dorthin, wo man ungesehen passieren kann!« Doch gutes Erzählen will trainiert sein. Also noch mal:

»Navigationsnotiz: Haben eine Karavelle gekreuzt, die drei portugiesische Schiffe auf der Jagd nach uns meldet. Die Schiffe Eurer Hoheiten werden auch dem Zorn des Königs von Lissabon entgehen, der einen jeden, wer er auch sei, daran hindern will, das zu tun, was *er*, zu seinem heutigen Bedauern, seinerzeit nicht zu tun wußte. *Oeste, nada al Sur nada al Norte*.« (S. 25)

Die Schiffsgattung wird bedeutender, die Informanten entpersonalisiert (weil zu »niedrig«) und, am wichtigsten, der Sachverhalt dahingehend verkehrt, daß er Gelegenheit gibt, die Entschlußkraft der Herrscher zu loben. Das alles nicht ohne einen

Seitenhieb auf den König von Portugal, der Colón lange Jahre hatte schmoren lassen, ohne seinem Projekt auf die Sprünge zu helfen.

Zum Vergleich hier auch noch die von Las Casas überlieferte *Bordbuch*-Version:

»Und der Admiral erfuhr von einer Karavelle, die von der Insel Hierro kam, daß in dieser Gegend drei Karavellen Portugals unterwegs waren, um ihn gefangenzunehmen: wohl aus Neid, den der König hegte, weil er, Columbus, nach Kastilien gegangen war.« (6. September 1492)

Wir sehen, wie Bertone das Gefüge komplexer macht: indem er eine mögliche Vorlage für Fray Bartolomé hinzuerfindet!

Die Idee, ein Tagebuch im heutigen Sinne zu schreiben, zündet vor allem bei den für einen Literaturfreund erschreckend trocken geschilderten Atlantiküberquerungen. Ein einfaches Beispiel: »Sie sahen einen Walfisch, was wieder auf Landnähe hindeutete, denn diese Tiere halten sich stets in der Nähe des Landes auf«, steht im Bordbuch am Freitag, dem 21. September. Der Wal würde wohl gar nicht erwähnt, wäre er nicht Zeichen für nahes Land. In Bertones *Diario del viaggio* hingegen wird die Begegnung zu einem regelrechten Abenteuer ausgebaut (S. 29f.).

Ganz rigoros bleibt Bertone übrigens zum Glück nicht bei seiner Idee von der Vorlage. Denn sonst müßten dort auch die langatmigen, stereotypen Landschaftsschilderungen, zu denen Columbus sich hinreißen läßt, sowie seine penible Vermessung sämtlicher Buchten ihre Entsprechung finden. Hier setzen sich ästhetische Überlegungen auf Kosten des Konzepts durch.

L'altro, der oder das andere, mit dem alles, was Bertones Columbus geplant und getan hat, verbunden war bzw. an dem es sich gerieben hat, wie er im einleitenden »Hinweis« (S. 7) betont, kreuzt seine Wege in verschiedener Gestalt. Zu jeder dieser Figuren nimmt der Entdecker eine ambivalente Haltung ein. Ständiges Schillern erlaubt dabei keine signifikativen Beziehungswechsel: sollte im Bordbuch davon andeutungsweise die Rede sein, werden die entsprechenden Stellen getilgt.

Pinzón etwa, der Kapitän der *Pinta*, ist am 6. August im spanischen Diario lobend als »einsatzfreudiger und verständiger Mensch« erwähnt. Später verschlechtert sich das Verhältnis zusehens. Und als Pinzón mit seiner *Pinta* die beiden anderen Schiffe aus Goldgier verläßt, ist dies für den Almirante nur die Krönung seiner Unverschämtheiten: »Und noch viele andere häßliche Dinge hat er mir gesagt und angetan«. (21. November)

Dagegen herrscht bei Bertone zwischen beiden von Beginn an Rivalität: »Soll er doch sehen, wie er zurechtkommt, dieser Martín Alonso, er sprüht ja nur so vor Angeberei« (S. 11), schreibt er, als die *Pinta* mit einem defekten Steuer zu kämpfen hat. Offiziell, im *Bordbuch*, ist von einer gemeinsamen Behebung des Schadens die Rede...

Es fehlt dem Columbus der italienischen Version an Vertrauen zu wem auch immer. Wenn sich seine Haltung soeben trotzdem mit dem Attribut »schillernd« belegen ließ, dann deshalb, weil er bei allem Haß auf den anderen sehr wohl weiß, daß er ihn braucht. Und sei es nur, um sich in der Auseinandersetzung zu beweisen. So ist es nicht zuletzt das Wiederauftauchen der *Pinta* am Horizont, das den Kapitän aus tiefer Lethargie wachrüttelt, in die ihn Bertone zuvor hineingeraten ließ. Das Schiff im Rücken erinnert Columbus an die historische Notwendigkeit, als erster beim Königspaar vorzusprechen, seinem Bericht einen zeitlichen Vorsprung gegenüber dem gewiß verleumderischen Rapport Pinzóns zu sichern. Er geht auf die Herausforderung ein und spielt dem Konkurrenten einen üblen Streich, um ihn und seine Besatzung zu demoralisieren: des Nachts schickt er einen Matrosen aus mit dem Auftrag, ein Blatt Papier über die Laterne am Heck des Schiffs zu stülpen und diesen Vorgang alle Viertelstunde zu wiederholen. Das Licht wird so immer schwächer und suggeriert den Mannen auf der *Pinta*, die ohnehin, wie wir auch aus dem *Bordbuch* wissen, Probleme mit einem Mast haben, daß der Abstand zwischen beiden Schiffen sich ständig vergrößert. Offiziell heißt es dann, der Sturm habe die Schiffe getrennt.

Bertones Columbus hat kaum Kontakt zu den Matrosen, ein Umstand, den er bald als *splendid isolation* darzustellen bemüht ist, bald als die Schwäche eines monomanischen Reisenden geißelt: »Nie verstand ich es, meine Stimme mit den ihren zu verschmelzen« (S. 26), gesteht er ein. Gilt es jedoch, sein offizielles Gesicht zu wahren, zeigt er sich – ganz wie im *Bordbuch* – willens, die Besatzung um jeden Preis zu verteidigen: so vor dem Gouverneur der Azoreninsel, der einige seiner Leute als Geiseln genommen hat.

Schon diese wenigen Passagen zeigen, daß Bertones Columbus keineswegs nur die Herrscher im Sinn hat, wenn er im »Hinweis« sagt, er habe die Version für die Könige anfertigen *müssen*. Er tut es ebenso zwanghaft für sich selbst. Dabei liegt ihm anscheinend weniger an seinem Ruhm als an der Erlaubnis, auch künftig die Meere kreuzen zu dürfen. Wie sein Pendant im *Bordbuch* wirft zwar auch er einen Erfolgsbericht seiner Expedition, in einem Faß verschlossen und versiegelt, über Bord, als sein Schiff im Sturm zu sinken droht. Ja, er läßt es nicht bei einem bewenden. Doch ist die geschönte Post nur die Voraussetzung zur Vermeidung eines Traumas, das da lautet, allein und vergessen auf dem Meeresgrund zu ruhen, ohne in irgendwelchen Köpfen weiterwandern zu dürfen: »Non lasciarmi solo coi morti è la mia grande ansietà.« (S. 107)

Wenn Christoph Columbus schon von etlichen Historikern für einen *judío converso* gehalten wird – was lag dann näher, als ihn zur Inkarnation des Ewigen Juden zu erklären, der romanisch »wandernder Jude«, ebreo bzw. judío errante heißt? Bertone insistiert stärker auf diesem Punkt: Bei ihm löst der Seefahrer einen anderen als den Ewigen Juden ab. Der Vorgang wird in einer Zeitspanne angesiedelt, über die sich das *Bordbuch* ausschweigt: in den Wochen, in denen die Schiffe vor den Kanarischen Inseln vor Anker liegen. Folgendes spielt sich ab: Der Admiral stößt beim Öffnen seines Kleiderschranks auf einen leichenblassen, spärlich bekleideten jüdischen Passagier, der angibt, einziger Überlebender einer Seereise nach Westen zu sein. Eine beunruhigende Richtung für Columbus! Der Jude will ihm seine Kenntnisse verkaufen, falls der Admiral ihn vor der an Land begonnenen Verfolgung bewahrt. Columbus aber sieht die Einzigartigkeit seines Projekts gefährdet und verbittet sich jede Auskunft; von der

Blässe des Juden irritiert, gebietet er ihm statt dessen, sich aus seiner Kleiderkammer zu bedienen. Daraufhin lesen wir:

»In der Zwischenzeit hatte er sich bekleidet mit einem meiner noch neuen Anzüge, in dem er herumlief, als wäre es seiner seit langer Zeit. Und wenn dies den Abscheu linderte gegen jenes Friedhofs-Fleisch, vermehrte es doch ebensosehr, und zwar auf einen Schlag, den Eindruck, einem trüben, aus Luft gesponnenen Spiegel gegenüberzustehen. Ich meinte, sogar meine Gesten wiederzuerkennen.« (S. 20)

Schockiert kann Columbus den Wunsch des Juden, im Versteck zu bleiben, nicht mehr abschlägig bescheiden. Die völlige Übernahme von dessen Funktion wird dann einige Tage später Wirklichkeit. Die Schiffe sind gerade ausgelaufen, als der Kapitän merkt, daß der Jude gestorben ist und ihn unbemerkt ins Meer befördert. Kurz darauf geraten die Karavellen in Seenot, drohen an einem Kap zu zerschellen. In höchster Not sieht Columbus plötzlich die Leiche auf dem Wasser treiben. Aus ihrer Bewegung leitet er das rettende Segelkommando ab... Von alledem natürlich nichts im offiziellen *Bordbuch*.

Wie hält es der neue Ewige Jude Columbus nun aber mit der Religion? Vertrauen zu Gott hat er nicht, auch dieses Verhältnis ist gestört. Das bedeutet aber noch lange nicht, daß er ein begeisterter Atheist wäre. Im Gegenteil, er kann ein gewisses Bedürfnis nach Mystik nicht verbergen. So notiert er das Salve Regina mit, das die Matrosen singen – natürlich weit weg von ihnen –, und fügt hinzu, es verschaffe ihm eine »süße Loslösung« von der Welt, dank der er »die unendliche, schmerzhafte Verstrickung dieses konvexen Jammertals namens Erdball« (S. 27) gewahren könne.

Der Columbus des Bordtagebuchs sieht die Weite nicht immer so euphorisch. So fragt er sich einmal, wie es denn mit Gottes horror vacui vereinbar sei, daß er Hunderte von Seemeilen ohne eingestreutes Land zulasse. Und anders als im offiziellen *Bordbuch*, wo er solche Ängste einzig der feigen Mannschaft ankreidet, befällt auch ihn angesichts der konstanten Ostwinde auf der Hinfahrt großes Unbehagen. Fast meint er schon, sich auf dem

»delapsus diaboli« (S. 30) zu befinden, sprich unaufhaltsam zur Hölle hinabzugleiten.

Mangelnde Bibelkenntnis kann man dem Genuesen nicht nachsagen. Er zitiert häufig aus dem Alten Testament, für den Juden ein Buch für alle Lebenslagen, seltener – und dann in der Regel blasphemisch – aus dem Neuen. Exemplarisch hierfür die Aufzeichnungen zur Havarie der *Santa María* am Weihnachtstag. Columbus träumt in seiner Koje von einer vereisten Bucht, in der verschiedene Schiffe festsitzen. Die Besatzungen schreiten in Gruppen auf die Küste zu. Sie tragen Fische und Polypen in den Händen, die sie dem Jesuskind darbringen wollen, ganz so, wie die Bauern an Land ihre Tiere. Plötzlich baut sich vor den Fischern und Seeleuten eine vertikale Eiswand auf. »Es ist kein Platz auf Erden für die, die die Früchte des Meeres bringen.« Columbus müht sich, das Kind zu sehen, die Wand zu durchbrechen. Sie kracht tatsächlich ein, doch nein, es ist das Geräusch der *Santa María*, die auf den Felsen gelaufen ist. Lassen wir nun den Kapitän sprechen:

»Ich gehe hinaus. Ich steige hinab zum Platz des Steuermanns. Sieh dort, das Kind! Man hat den Schiffsjungen ans Steuer gelassen. [...] Der Schiffsrumpf ist genagelt an einen Felsensporn, Christuskörper am Kreuz. Es bahnt sich einen Weg, das Meer, durch die geöffneten Rippen. La Santa María perduta!« (S. 64)

Wer das *Bordbuch* gelesen hat, erinnert sich an den Sturm vor den Azoren, in dessen Verlauf Columbus vier Gelübde ablegen läßt, von denen eins die ganze Gruppe betrifft und drei individuell zu erfüllen sind. Das Los fällt zweimal auf den Entdecker. Wie verfährt Bertone mit diesem Passus? Unterdrückt er ihn? Mitnichten. Sein Columbus nimmt sogar alle Einzelgelübde auf sich, er hat die mit dem Kreuz versehene Kichererbse entsprechend präpariert. Das und den Beweggrund erfahren wir allerdings nicht am Tag des Geschehens. Da gibt der Kapitän einen ähnlichen Bericht von den Schwüren wie das spanische *Diario*, nicht zufällig übrigens im Rahmen einer jener Notizen, die oft offiziellen Charakter haben. Eine originelle Veränderung verdient es aber, am Rande erwähnt zu werden. Dazu ein direkter Vergleich:

Diario: »Abgesehen von den allgemeinen oder gemeinschaftlichen Gelübden, legte jeder für sich ein persönliches Gelübde ab, denn keiner glaubte, mit dem Leben davonzukommen.« (14. Februar)

Bertone: »Das letzte Gelübde legte jeder für sich ab, wobei er sich selbst immer wieder den häufigsten Schwur im Leben dessen, der zur See fährt, wiederholte, das ewige Versprechen des Matrosen: nie mehr, ich schwöre es, nie mehr meine Füße auf die Brücke eines Schiffs.« (S. 99)

Was war nun aber der Grund für die Annahme der Gelübde? Die Antwort ist, Seiten später, in einem Nebensatz versteckt: »[...] l'ammiraglio, di cui non potete dire che non volle assumere tutto su di sé«. (S. 102) Was nach vorbildlichem Verantwortungsbewußtsein klingt, läuft wohl auf etwas anderes hinaus: Alles, was in irgendeiner Form mit der Expedition zusammenhängt, beansprucht Bertones Columbus, und daran läßt er nicht rütteln, als sein Eigentum. Deshalb hat auch kein Matrose den langen Gang nach Loreto anzutreten. Es ist, als würde er mit den Worten »Seht, das ist meins« sagen wollen: »Seht, das bin ich.« Der ewig Umtriebige – auch ein Umhergetriebener auf der Suche nach festem Halt.

Und so bastelt er weiter, Bertones Columbus, an der doppelten Geschichte seiner Reise, meist ohne recht zu wissen, welche Version er eigentlich bevorzugt. Die Vorderseite präsentiert eine Erfolgsstory, die ihm Ansehen beim Königshaus und einen Platz in der Geschichte sichern wird. Die Rückseite versammelt alles, was darin keinen Platz hat (definieren wir sie erst einmal negativ). Es ist dabei unschwer auszumachen, wo der Sprung zur offiziellen Version Columbus einen großen Kraftakt abverlangt: genau an den Stellen nämlich, wo die Navigationsnotizen irgendwo zwischen den Fronten angesiedelt sind, wo sie noch der Reinigung von ironischen Einsprengseln und Zwischentönen harren.

Beispiel Religion: »Die Disziplin der Christen, die mittlerweile selbst samstags Fleisch essen, und die wundersame Prädisposition zum Gehorsam auf seiten der einheimischen Völker erfordern von den Hoheiten die Entsendung vieler Priester mit den nächsten Schiffen. Und daß man seine Notdurft an geeigneten, abgetrennten Orten verrichte und nicht überall ohne Unterschied.« (S. 56)

Beispiel militärische Stärke: »Eure Hoheiten seien versichert, daß zehn Leute von uns 10000 von ihnen leicht in die Flucht schlagen. Und auch was das Verhältnis betrifft zwischen den gesagten Worten und denen, die notwendig wären, um die Pracht der Orte zu loben, sind wir nunmehr bei 1 : 1000 angelangt: der Unterschied zwischen der donnernden Gewalt des Rot und der stillsten aller Farben.« (S. 57f.; eine glänzende Collage aus Fragmenten des *Bordbuchs*!)

Beispiel Gold: »Alles in allem ist das Gold das wertvollste Zeichen des Universums, wenn [nicht: weil!] man mit ihm alles mögliche bewirken kann. Sogar die Seelen in den Triumph der Himmel katapultieren! [NB: Ein Original-Columbus!] Und damit die Christenheit mit Gold aufgehäuft und aufgebläht sei, wird Euer Admiral nichts unversucht lassen, seine Spur zu finden und an seinen Ursprung vorzudringen.« (S. 48f.)

Den Schlüssel zum Buch Bertones erhält man jedoch erst, wenn man sich bewußtmacht, *wann* die Schwierigkeiten auftreten, bei der Vertextung den gebotenen Diskurs zu treffen; die Zeitspanne läßt sich ganz exakt angeben: sie reicht vom 12. 10. 1492 bis zum 31. 1. 1493. Was veränderte sich nun an diesen beiden Eckdaten? Betrachten wir zunächst die Periode vor dem Datum.

Columbus bricht auf voll Zuversicht, die sehnlichst erwartete und hart erkämpfte Reise werde ihm Erfüllung seines größten Wunsches bringen. Er berichtet vom Neid jener Seeleute, die im Hafen zurückgeblieben sind. Die Episode mit dem Juden beunruhigt ihn sichtlich, doch er verdrängt sie ebenso wie das Verrinnen der Zeit. »Das Heilmittel ist diese tägliche Strecke an Aufgaben, die den wilden Drachen Zeit in kleine, feine Scheibchen schneidet.« (S. 12) Um die persönliche Kontrolle des Unternehmens und seines Ablaufs zu unterstreichen, schafft der Admiral einen eigenen Sprachstil, den er in einem mit »Lesezeichen« (Segnadiario) überschriebenen Blatt erläutert. Nicht die Sprache der Dichter interessiert ihn, sondern »die massive Genauigkeit der Sprache an Bord, die den Metaphernschatz auf Instrumente wie ›Taue‹, ›Masten‹, ›Steuerstange‹ beschränkt, auf die Alltagssprache« (S. 34). Die Vorschrift wird lange Zeit konsequent umgesetzt: Ganze Eintragungen handeln von verschiedenen Segeltechniken. Sprache und Arbeit werden so eng verschweißt. Dazu lesen wir im Segnadiario: »Nur im Tun, nur im Arbeiten verliert die Kommunikation die Unendlichkeit der Konnotationen. Und das Ich beruhigt sich endlich, schläft.« (S. 34)

Wer sich eine solche Beschäftigungstherapie verschreibt, wird offenbar von Unruhe geplagt, sobald er Zeit hat zu denken. Vorerst reicht diese Zeit nur zu einigen kurzen Reflexionen, wie die bereits erwähnten zur Weite des Ozeans. Sie können schreibend bewältigt werden, doch wehe, sie nehmen überhand. Nochmals ein Zitat aus dem Lesezeichen: »Ich gestehe [...], daß auch ich, weil ich mich nicht von den Empfindungen zu befreien vermag, eine Tintenwolke abzusondern weiß, um mich unsichtbar zu machen. Die Flüssigkeit der Sepiaschale geht an einem gewissen Punkt zur Neige: Dann sieh das nackte Tier auf der Flucht, es wähnt sich noch umgeben von schwarzen Arabesken.« (S. 35)

Die befürchtete Nacktheit kommt jäh mit dem Zeitpunkt der Entdeckung. Columbus, der sich vom vielen Ausschauhalten zuletzt gar die Augen entzündet hatte – um jeden Preis will er als erster Land sehen –, wird für seine Ausdauer belohnt: Ihm wird offiziell das ausgelobte Preisgeld zuerkannt, obwohl ein anderer zuerst »Tierra!« gerufen hatte. Doch kaum hat er dem Unternehmen mit dem Satz »Ich, ich sah das, was ich einst schon mit dem Finger auf der Landkarte erahnte, ich allein!« (S. 38) seinen exklusiven Stempel aufdrücken wollen, fällt er auch schon in ein tiefes Loch. Nicht die ironische Aufnahme des Jubels stört ihn, sondern das plötzliche Bewußtsein, jetzt seiner Vision beraubt zu sein, gerade *weil* sie sich bewahrheitet hat. Ohne sich darüber klargeworden zu sein, hatte er ihre Verwirklichung stets hinauszögern wollen. Schon verliert er sie an die Allgemeinheit und steht entblößt, ent-deckt da. Nur in den offiziellen Navigationsnotizen kann ihn der Gedanke an ein Festland, auf dem Marco Polos çipango liegt, noch trösten. Auch dort träfe er eine konkrete Realität an. »Wie ein umgekehrter König Midas verwandle ich das, was ich sehe, in nichts anderes als das, was es ist, schlicht und tragisch alltäglich, Blätter und Schlamm« (S. 106), wird er später klagen. Jetzt hegt er nur den Wunsch, ewig im Schutze der Nacht vor der Insel zu dümpeln.

»Ich fühle es, ich fühle es, die Begriffe bröckeln ab« (S. 61): Mit dem Arbeitsrhythmus fällt zwangsläufig auch das darauf abgestimmte Sprachsystem zusammen, nur nimmt es Columbus nicht sofort wahr. Er setzt weiterhin auf verbale Kommunikation, als er aus der Not heraus den Versuch unternimmt, die konkrete Natur zu erobern. Über das bloße Ritual der Inbesitznahme hinaus, versteht sich. Freilich, dieses Vorhaben steht von Beginn an unter keinem guten Stern. Denn schon auf der Hinfahrt mußte der Entdecker einsehen, daß »auch die bekanntesten Dinge der Natur meinen Geist wie ein schwieriger philosophischer Satz binden«. (S. 27) Bis zuletzt versucht er es dennoch mit hymnischen Auslassungen, vergleicht sich schon mit einer Wildkatze, die die Beute immer näher kommen fühlt, um schließlich doch dem »unerträglichen Ungleichgewicht zwischen der Wucht der Einladung und der lähmenden Ausgeschlossenheit« (S. 46) Tribut zollen zu müssen.

Columbus bäumt sich unwillkürlich gegen den Verlust der Ordnung auf, obwohl ihm das System der Begriffe unsicher geworden ist, wie die folgende Relativierung des Goldes zeigt:

»Soll jeder doch selbst entscheiden, nach der Hundearbeit auf See von gestern [...], ob eine bestimmte Menge des Edelmetalls vorzuziehen ist oder aber der Krug frischen Quellwassers, den man mir, kaum ausgestiegen, darreicht.« (S. 48)

Zäher ist der Widerstand der Welt der Begriffe in den Navigationsnotizen. Da wird noch eine Seite nach der Destruktion des Wertes der Werte, der Ordnung nämlich, derselbe Wert hymnisch gefeiert:

»Ordnung, alles eine Frage der Ordnung. [...] Schau nur, wie sich das schönste Schauspiel erhebt, die Baustelle, lautstark, mit Schlägen, Schreien und Flüchen.« (S. 51)

Allmählich jedoch kommen auch hier Zweifel auf. Ein wichtiger Schritt ist getan, als Columbus den berühmten Schwur, wonach Kuba Festland sei, sogleich als blasphemischen Akt brandmarkt. Wie ein moderner Ethnologe hat er erkannt, daß sein Maßstab nur eine Latte unter vielen sein kann. Die weiteren Notizen zu Gold, militärischer Stärke und Religion haben wir schon erwähnt.

Wie aber sieht Columbus das Verhältnis der Eingeborenen zum Gold? Hier kommt die Auflösung:

»Und dann betrachten sie es weder mit dem schrägen Blick des Kaufmanns, noch beißen sie es mit dem Zahn des Wucherers, jederzeit bereit, es tief in den Taschen zu verbergen oder seinen Glanz im Dunkel der Schatztruhe verlöschen zu lassen. Sie betrachten es überhaupt nicht: Sie fühlen es auf der Haut an den Handgelenken, an den Armen, am Hals, an den Fußfesseln und verbinden sich so mit der gehaltvollen Luft und den Strahlen der Sonne. Sie kommunizieren weniger mit den Menschen als mit der Welt.« (S. 48)

Ludovico Pogliaghi / E. Mancastropa: Landung des Columbus, in: L'Illustrazione Italiana, *Sonderausgabe 1892,*
aus: Rosanne Pavoni: Colombo, immagini di un volto sconosciuto. Genua, SAGEP 1990, S. 127.

Der Entdecker glaubt, die Indios verstanden zu haben, sie haben sich ihm in ihrer Nacktheit gleich als »esseri tutto corpo« (S. 41) offenbart, ganz im Gegensatz zu seinen Landsleuten, körperlosen, transparenten Bleichgesichtern. Er möchte nun selbst zum Eingeborenen werden. Wie aber kann das möglich sein, wenn sich ihm die Natur verweigert? Ganz einfach: Er muß die Natur verschlingen (S. 55). Doch ach, sie rächt sich. Ihm wird schlecht, er muß sich übergeben. Ein Weg aber bleibt ihm noch, »vielleicht lächerlich, vielleicht schrecklich anzusehen, vielleicht herrlich«. (S. 59) Er rudert auf die unbewohnte Schildkröteninsel, läuft am Strand entlang, bleibt stehen, macht sich seine Körperlichkeit bewußt, indem er langsam die Kleider abstreift . . .

»Ich blieb auf der beweglichen Wasserlinie stehen, wohlkalkuliert zwischen Erde, Himmel und Meer, bisweilen schaffte es eine zum Halbkreis gewölbte Welle, meine bloßen Füße zu benetzen. Nach und nach entdeckte ich Schnittwunden, Verbrennungen, Kratzer, Narben vergessener Verletzungen und von eingedrungenem Salz verursachte Schürfungen, regellos Streifen und Flekken gebräunter Haut, vielleicht auch auf dem Rücken und am Hals: und weißliche Zonen – letzter Beweis, daß ich einst ein Neugeborenes war –, durchzogen von geröteten Furchen, die wie Abdrücke von Sägezähnen waren im weichen Holz.

Und als unter dem Prisma der sengenden Sonne auch das letzte Fleckchen Stoff gefallen war und den Strand hinter mir wie ein Punkt bedeckte, war die gesamte Route der vollendeten Seefahrt auf meinem angenagten Körper zu sehen. Eccomi.« (S. 59)

Was folgt, ist die sexuelle Vereinigung mit den weiblichen Formen des Sands, mit dem alttestamentlichen Hohen Lied auf den Lippen . . .

Zurück bei der Gruppe, will Columbus erst keine Befehle mehr ausgeben und sich ganz dem Schweigen der Natur hingeben. Doch entlarvt er sich schon dadurch, daß er diesen Wunsch zu Papier bringt. Bei der nächsten Begegnung mit den Indios weiß er längst um das Imaginäre seiner Metamorphose. Man merkt es auch am Vokabular der lächerlichen Szene:

»Auf Hispañola sind die Unwürdigen zahlreich, vergnügt und ein bißchen komisch. Ich bin glücklich, mich unter sie mischen zu dürfen. Mischen zu dürfen? Sie erkennen mich – wie könnten sie nicht? – und werfen mir Blicke entgegen und ein Gelächter, das zwickt wie Kniffe.« (S. 60)

Die weihnachtliche Havarie mit ihrer arbeitsreichen Folge, dem Bau der Festung, gibt Columbus schließlich die Kraft, sich auf die Rückreise zu begeben. Von der Überfahrt erhofft er sich neuen Sinn und geregelte Aktivitäten: einen Neubeginn. Außerdem muß er sofort fahren, wenn er noch fahren will. Denn sein Schiff, jetzt die *Niña*, wird bald von Mollusken zerfressen sein. Noch hat er nichts zum Schreiben. Beim Ausräumen der *Santa María* war sein Tintenfaß umgekippt, wie um den Zusammenbruch des Sprachsystems zu unterstreichen. Nun fängt er sich eigenhändig einen Stachelfisch, aus dem er eine rote Flüssigkeit preßt. Ihr fürchterlicher Gestank ergötzt ihn ungemein; er wähnt sich schon wieder glücklich auf hoher See. Kaum aber hat er die Weite des Ozeans wieder um sich, wird die Krise offenkundig. Auslöser ist eine wochenlange Flaute, gegen die kein Segelmanöver etwas unternehmen kann. Columbus kann seinen Vorsprung gegenüber dem zurückgekehrten Pinzón im Wettlauf um die historische Wahrheit nicht weiter ausbauen. Die Regatta ist nur ein Surrogat, denn der Kapitän hatte die Eskapaden seines Widersachers kaum registriert, solange er sich bemühte, eins zu werden mit der Natur.

Die Windstille, im offiziellen *Bordbuch* übrigens mit Sätzen wie »A Dios sean dadas muchas gracias« (23. 1.) erleichtert aufgenommen, wird bei Bertone zur »condanna di Dio« (S. 69). Auf der Hinfahrt hätte Columbus sie genossen, da sie die Vorfreude auf die Erfüllung verlängert hätte. Nun aber weiß er, daß ihn an jedem Ziel eine ganz gewöhnliche Landmasse erwartet. Das Paradies auf Erden bleibt ihm verwehrt, auch wenn er es vielleicht gesehen hat.

Wohin also fliehen? Die Matrosen greifen zum Tabak, zur neu entdeckten Sucht. Sie dämmern langsam dahin. Ihr Kapitän wendet sich an den Ort, wo auch sein çipango angesiedelt war. Er brütet nun in seiner Phantasie die Inselszenarien aus, die er realiter nicht finden konnte (S. 72 ff.): Im »Isolario 1«

sind höchste Zivilisation und jungfräulichster Naturzustand innig miteinander verwoben; »Isolario 2« zeigt ein Reich, in dem jeder Bürger mindestens zehn Minuten lang all seine Phantasien Wirklichkeit werden sieht, bevor man sie wieder rückgängig macht; »Isolario 3« präsentiert ein perfektes Gleichgewicht zwischen Bewegung und Ruhe, »Isolario 4« schließlich eine Insel aus Zeit, eine Geschichte also: Sie handelt von einem im Rufe der Heiligkeit stehenden Missionar (zu denken wäre an St. Brandan), der eines Tages das rechte Maß verliert und seine Tätigkeit über den Ozean ausdehnen will. Auf einer Ozeaninsel tauft er in Ekstase Tausende von Affen, die er für Menschen hält. Daraufhin erhebt sich unter den Theologen ein Streit darüber, ob die Tiere nun als Christen zu gelten hätten oder nicht.

Die vier phantastischen Miniaturen lassen sich als Hommage an Italo Calvino deuten, der in seinem Buch *Die unsichtbaren Städte* (1972) dem çipango-Fahrer Marco Polo ähnlich phantastische Kurzporträts in die Feder diktiert.

Zuletzt fällt auch den Almirante die Leere an, er kommandiert nicht mehr und bringt an fünf Tagen nur mehr das Datum zu Papier. – Bis dann endlich Westwind aufkommt und die Eintragungen mit dem Satz »Die Seeleute sagen, daß der Wind schreibt« (S. 93) wiedereinsetzen.

Fassen wir noch einmal die wichtigsten Punkte zusammen: Der Columbus des Bordtagebuchs hat am Anfang der Reise kein Vertrauen mehr zum anderen; das läßt sich erklären, denn jahrelang hat er vergeblich für seine Idee gekämpft und nicht einmal seine Auftraggeber als wirklich überzeugte Anhänger erlebt. Mit seiner Expedition glaubt er aber, es allen zeigen zu können, auch dem anderen in sich, seinen Selbstzweifeln etc. Anders gesagt: Er wähnt sich endlich der Selbstverwirklichung, der wahren, einheitlichen Icherfahrung nahe. Wichtiges Mittel auf dem Weg zu diesem Ziel ist ihm eine arbeitsnahe Sprache, bei der Mißverständnisse ausgeschlossen sind. Das Unternehmen scheint zunächst sogar vereinbar zu sein mit den bei aller Halbherzigkeit hohen Ansprüchen des Königshauses: Es bedarf in den Navigationsnotizen eher der Schönfärbung als der Lüge.

Mit der Entdeckung wird Columbus jedoch bewußt, daß ihm seine Vision abhanden gekommen ist. Sie verwandelt sich in eine schlammige, gemeine Realität, die nicht die seine ist. Sein Sprachsystem zerfällt, ein neues, diesmal markant fiktiv, wird ihm zum Fluchtort. Mit zunehmender Nähe zur abendländischen Zivilisation nimmt er die Arbeit wieder auf, erfüllt sogar bestmöglich seine historische Mission, doch nur, weil er gelernt hat, sich in zwei Stimmen zu spalten, eine öffentliche und eine private; die eine schreibt den amtlichen Text, die andere den Antitext. Das offizielle *Bordbuch* zeigt sein Bedürfnis nach Halt und Geborgenheit, das zunächst zurückgehaltene Tagebuch darüber hinaus seine fortwährende, stärker werdende Unruhe. Etwas in ihm will nicht aufhören zu suchen, am liebsten freilich ohne je etwas zu finden, ohne je irgendwo anzukommen.

Der Konflikt zwischen Ruhe und Unrast bewirkt, daß Columbus sich selbst schließlich noch mehr Haß entgegenbringt als den anderen. Er stehe seinen Nachahmern feindlich gegenüber, sagt er, die sich nun wie Zwerge auf seine Schultern, die eines Riesen, stellen wollten. Das Bild – es stammt von Bernhard von Clairvaux – trifft aber, er gesteht es selbst ein, auch auf ihn selbst zu. Auch er kann sich mit der nächsten Ausfahrt nur mehr selbst nachahmen, »il nano sulle spalle di se stesso« (S. 116). Dennoch baut er auf den Sand der Ungewißheit – jene drei Punkte, die im Schriftbild alles offenlassen. Bevor er sich daranmacht, die offizielle Version abzufassen, schließt er mit den Worten: »Ma domani... Domani...« (S. 116)

Seine privaten Aufzeichnungen veröffentlicht Columbus erst Jahre später: Die Erfüllung hat er auch nach vier Reisen noch nicht gefunden. Sein Ich ist nach wie vor, wie sein Tagebuch, eine gewaltsam zusammengehaltene Loseblattsammlung. Jetzt will er es auf einer neuen Reise entdecken, mit Hilfe des Lesers:

»Schau fest auf die Spitze meines Zeigefingers fast in der Mitte der geschlossenen Faust vor dem Arm, der ganz vorgestreckt ist zum Zentrum deines Blickes. Und, hinter Finger Faust Arm, mein Gesicht, gespannt vom Hervorbringen der Worte: Du! Komm an Bord!« (S. 7)

Wie nicht anders zu erwarten, weiß Columbus selbst nicht, ob ihn diese positive Neuorientierung zum andern hin kurieren wird. Seine Hoffnung legt er in die Hand des Lesers. Und der leidet viel mit ihm auf der Reise durch das Tagebuch, reich belohnt dafür (oder sollte man sagen: noch dazu? – therapiert Lesen etwa nicht ungemein?) von Bertone in künstlerischer Hinsicht.

Womit wir nochmals bei Calvino wären: In seinem berühmtesten Buch, *Wenn ein Reisender in einer Winternacht* (1979) geht dieser noch einen Schritt weiter: Er läßt den Leser nicht über den Erfolg der Geschichte bestimmen, sondern erzeugt in ihm die Illusion, sie erst selbst zusammenzusetzen aus den Überschriften der heterogenen Fragmente, die den Roman bilden. Die Vielfalt der Erzählstile ist für Calvino ein Spiel, für Bertones Columbus dagegen bitterer Ernst. Beide Schriftsteller aber beherrschen das Variieren der Diskurse gleichermaßen virtuos.

Renate Lunzer

Giovanni Raiberti oder Rezepte nach Apollons Art

Ein genialer Humorist ist wiederzuentdecken

»In Italien gibt es, mit Ausnahme einiger seltener, an und für sich schon wohlhabender Exemplare [...] keinen berufsmäßigen Dichter. Wir sehen also den Dichter-Winkeladvokaten, den Dichter-Journalisten, den Dichter-Lehrer, den Dichter-Priester, jetzt haben wir (glückliches Italien!) auch einen Dichter-Flickschuster und einen Dichter-Gepäckträger. Aber den absoluten Dichter, den Dichter-Dichter, kann es hier bei uns aus Gründen, die alle kennen, nicht geben [...]. Sollte also jemals das wenig Gutes verheißende Prädikat ›Dichter‹ an meinen Namen geheftet werden, so wißt wenigstens, meine Leser, daß ich der Dichter-Arzt oder besser Arzt-Dichter bin.«[1] Wer so den notorischen Geiz und Unwillen des italienischen Publikums, Bücher zu kaufen, geißelte, war ein junger »Hilfs-Chirurg zweiter Klasse« am Mailänder Ospedale Maggiore, Giovanni Raiberti, eben dabei, mit einer *Übertragung horazischer Satiren in den mailändischen Dialekt* Prominenz zu erlangen. »Origineller als das Originalwerk«, lobte sie später Giuseppe Rovani, sie habe »einem zweitausend Jahre alten Leichnam wieder Leben eingehaucht«.[2] Eine überaus scharfe Beobachtungsgabe, kombiniert mit einer spitzen und äußerst geläufigen Zunge prädestinierten Raiberti zu diesem Unternehmen. Die solide humanistische Bildung hatte sich der 1805 in Mailand in einer Familie aus verarmtem Adel geborene Dichter am Priesterseminar von Lecco erworben, wo er mehr aus ökonomischen denn aus theologischen Gründen studierte. Sodann hatte er an der Universität Pavia mit Brillanz sein Medizinstudium absolviert. An einer ebenso brillanten Karriere als Arzt im Königreich Lombardo-Venetien hinderten ihn aber sein mutiges Eintreten für die Sache des Risorgimento und sein satirisches Temperament. Schon 1836, als in Mailand eine Cholera-Epidemie ausgebrochen war, denunzierte Raiberti mit schneidender Ironie die Methoden gewisser Kollegen in *»El colera e i Medegh de Milan«*. Sextinen wie die folgende gefielen der Kaiserlich-Königlichen Polizeizensur begreiflicherweise wenig:

E siccome no gh'è né famm né guerra
e se fa spessa la popolazion,
han mis l'oeucc sui dottor, che, sulla terra,
fan da terz a qui dò maledizion!
Ciappen du taller ogni vun che mazzen
e lor ne coppen... poeu se la sbavazzen![3]

[Und da es weder Hungersnot noch Krieg gibt / und die Bevölkerung allzu dicht wird, / haben sie ihr Auge auf die Ärzte geworfen, / die dritte Plage nach jenen beiden anderen! / Sie nehmen zwei Taler für jeden, den sie umbringen, / sie richten uns übel zu... und haben ihren Spaß dabei!]

Der geistvolle Spötter war gerngesehener Gast in den Salons des liberalen Mailand, zu seinen Freunden gehörten illustre Geister des Risorgimento wie Carlo Cattaneo, der Herausgeber des *Politecnico*. Bald sollte ihm seine literarische Produktion auch die Anerkennung von Patrioten und Schriftstellern wie Massimo d'Azeglio und Aleardo Aleardi, aber auch des großen Manzoni gewinnen. Einer der Anlässe für seine Popularität war ein »Brindisi«, das Raiberti 1838 für Gioacchino Rossini, den Ehrengast eines Abendessens im Hause des Fürsten Porcia, geschrieben hatte. Seine 19. Sextine, ein »wahrer Skorpionenschwanz«, in der Italien mit einem »armen, mißhandelten Weib«, einer »dahergeschleiften Magd, der die Fetzen herunterhängen«[4], verglichen wird, versetzte »die Spitzel in den Orgasmus und ließ die Agenten aufheulen«[5]. Der berüchtigte Polizeichef Bolza lud Raiberti vor und nannte ihn einen unverschämten Revoluzzer und Verräter seines Souveräns, dessen Brot er doch esse. Seine ärztliche Karriere erklärte er für beendet.

1838 erschien auch »La prefazione delle mie opere future«, ein »Scherzgedicht in Prosa«. So viele Bücher ohne Vorwort würden gemacht, warum sollte man nicht ein Vorwort ohne Buch versuchen, fragte sich Raiberti und nahm diesen glücklichen Einfall zum Vorwand für eine amüsierte Betrachtung über Wesen und Laster des Menschen. Darin findet sich auch der Plan zu einer Universalgeschichte nach gastronomischem Prinzip: »Ich komme jetzt zu folgender überblicksmäßiger Einteilung: Epochen, in denen die Menschen aßen, um zu leben, oder Barbarei. Epochen, in denen sie lebten, um zu essen, oder Zivilisation...«[6]

Nicht mit scherzhafter Laune, sondern mit dem Engagement des Aufklärers und mit großem professionellen Ernst tritt Raiberti in *Il volgo e la medicina* für die Volksbildung ein: »Ich glaube, daß es unsere heilige Pflicht und Schuldigkeit ist, jedes wissenschaftliche Thema, das sich auf das Niveau der allgemeinen Verständlichkeit bringen läßt, auch wirklich dorthin zu bringen.«[7] Das Werk enthielt leidenschaftliche Vorwürfe gegen Scharlatanerie und eine vernichtende Kritik der Homöopathie und war jedenfalls nicht dazu angetan, Raiberti unter der Kollegenschaft viele Freunde zu gewinnen. Es trug wohl auch dazu bei, daß der polizeibekannte medico-poeta 1842 aus dem geliebten Mailand ins »traurige Exil«[8] nach Monza versetzt wurde, wo er viele Jahre lang am Ospedale Civico die Funktion eines *chirurgo-primario* und Vertreters des Direktors »im Falle von Krankheit oder Abwesenheit desselben« ausübte. Die subalterne Position und die Ferne von der Heimatstadt lasteten auf Raiberti, ohne ihm jedoch das satirische Brio und die entschieden humoristische Sicht der Dinge zu nehmen: »Gott erhalte euch die Gabe der Tränen, wenn das euer Geschmack ist; ich hingegen bitte ihn, mir noch lange den Willen zu lachen zu bewahren, und ich glaube, ich würde auch im Gefängnis lachen oder als chronisch Kranker im Bett.«[9]

In Monza entstanden Raibertis *Hauptwerke*, als erstes ein federleichtes Kabinettstück aufklärerischen Humors *Sul gatto. Cenni fisiologico – morali.* 1845 bei Bernardoni in Mailand erschienen, war es ein solcher Publikumserfolg, daß es schon 1846 eine zweite Auflage mit einem »Schwanz« erlebte. »La coda« ist die Auseinandersetzung des Autors mit einem mißgünstigen, aber wenig intelligenten Kritiker des *Corriere delle Dame*: »...eine der geistreichsten [...] und effizientesten Polemiken der italienischen Literatur.«[10] Die *Katze* sicherte Raiberti seinen Platz in den Anthologien und konnte zwischen 1846 und 1968[11] auf eine stattliche Reihe von Neuauflagen und Neuausgaben mit und ohne »Schwanz« zurückblicken. Man darf den schmalen Band füglich als *eines der originellsten Katzenbücher der Weltliteratur* bezeichnen: Da er es leid sei, sich als Satiriker die Antipathien der Zeitgenossen zuzuziehen, so erklärt Raiberti in der »Vorrede«, habe er beschlossen, nur mehr die Tiere zu loben. Einen »Panegyrikus auf die Katze [...], abgefaßt nach allen Regeln des Aristoteles [...] und allen Mittelchen der sogenannten Beredsamkeit«[12] wolle er dem Leser bieten. Die Katze, diese Königin aller Müßiggänger und einzig wahre Lebenskünstlerin, der es gelungen sei, sich »zwischen wildester Unabhängigkeit und raffiniertester Zivilisation«[13] anzusiedeln und sich damit den bestmöglichen Platz in der Naturgeschichte zu wählen, müsse unser Idealtypus für Weisheit und Glück sein. Im Zentrum des Blickfeldes steht also immer die Katze, »Philosophin des wirklichen Lebens«[14], anmutigster und glückseligster, aber auch bösartigster aller Vierfüßer (natürlich war der Terminus »Panegyrikus« nur ironisch gemeint), die Katze, genial beobachtet von den Schnurrbartspitzen bis zum Schwanz, im Augenwinkel aber hat der Dichter den Menschen mit seinen Fehlern und Schwächen. Doch hat dieses witzige Philosophikum nichts mit der moralisierenden Fabelliteratur gemein, ist nirgendwo reduzierbar auf eine nüchterne Parabel, denn der Autor zeichnet nicht nur jene Eigenschaften und Verhaltensweisen seiner Protagonistin nach, die Menschliches symbolisieren können, sondern gibt sich frei seiner Lust am Beschreiben und Assoziieren hin. Verschiedenste Elemente nähren diese ebenso witzige wie expressive Prosa: profunde humanistische Bildung und reiche Belesenheit, ein wachsames Auge auf die künstlerischen und politischen Entwicklungen, auf die Leistungen des technischen Fortschritts, aber auch auf die Tagesereignisse. All diese Elemente finden sich, oft paradox auf den Kopf gestellt, »zusammengenäht und herausgegeben unter dem Namen Buch«[15] wieder. Mit der Freiheit ihrer Struktur, die sich oft dem kolloquialen Register nähert (phatische Formeln, direkte Reden an einen imaginären Konversationspartner, Exkurse u. a. m.), mit der »intellektuellen Emotion, die Raiberti beim Befragen der ihn umgebenden Wirklichkeit verspürt«[16] und schließlich mit der Grazie, Fülle und Spontaneität der linguistischen Form ist diese »unaufhörliche Konversation«[17] ein Kosmos für sich.

Im März 1848, während der Cinque giornate, (des bewaffneten Aufstandes der Mailänder Bevölkerung gegen die Österreicher) kehrte Raiberti wieder zur literarischen Tagespolitik zurück und widmete seinen »lieben Mitbürgern« enthusiastisch das Gedicht »Il marzo 1848«[18]. Schon die Stempel, mit denen das in der Österreichischen Nationalbibliothek aufbewahrte Exemplar dieser Abrechnung Raibertis mit den »infamen und anmaßenden Oppressoren«, den »Mördern der Seele und des Gedankens« geziert ist, zeigen das Interesse ebendieser für die sogenannte »Anhäufung von Reimen ohne Metrum«: »Bibliothek der K.–K.obersten Polizei-Behörde« sowie »Bibliothek des K.–K. Ministerraths-Präsidiums«, erst weiter hinten »K.–K. Hofbibliothek. Im »preludio« verkündet Raiberti mit der ihm eigenen wortgewaltigen Komik seinen Abscheu vor dem raffgierigen Doppeladler: »...*die große Bestie mit den zwei Köpfen* hat die Schnäbel verloren, die Krallen, die Flügel, den Schwanz und das Mark: sie ist nicht einmal mehr fürs Museum gut [...]« und: »[...] niemand kann mich je in der Intensität meines Abscheus vor dieser Fremdherrschaft, diesen Funktionären, dieser Soldateska, dieser Polizei und schließlich dieser Sprache, die auch durch die Art ihrer Ideenassoziation für italienische Ohren unerträglich ist, übertroffen haben. In einem Vierteljahrhundert ist mir keine Silbe von ihr im Gedächtnis geblieben! Wäre ich so jungfräulich und frei von jeder anderen Sünde, wie ich es von der teutonischen Sprache bin, so wäre ich wirklich ein großer Heiliger.« Nur der Umstand, daß die Österreicher so spät abgezogen seien, betrübt Raiberti: »Aber so war ihr System: das wenige Gute, das sie taten, haben sie immer zu spät getan [...]«. Ihre Rückkehr hält er für ausgeschlossen: sie sei so unwahrscheinlich wie die Verwandlung Radetzkys in einen schönen Jüngling. Begreiflicherweise gerieten der Autor und sein Verleger in Alarmstimmung, als Radetzky nach der Schlacht bei Custoza wieder in Mailand einzog...

Bei oberflächlicher Betrachtung scheint Raibertis zweites Hauptwerk, *L'arte di convitare*, 1850–1851, der italienischen Tradition der Benimmbücher, der *galatei*, zuzugehören. Tatsächlich beruft sich der Autor im Vorwort auf Monsignor della Casa, über den er, nebenbei, wenig schmeichelhaft urteilt (Sprache und Stil des *galateo* enthielten das Geheimnis, den Leser schon auf der ersten Seite einzuschläfern). Bei näherem Hinsehen aber erweist sich das Thema des »Gastmahls« nur als Vorwand des raffinierten Epikureers Raiberti, der die gastronomischen Künste aufrichtig bewunderte, sich einer unerschöpflichen Vielfalt von »Plaudereien« über Geschichte, Philosophie, Moral und natürlich auch die »Gemüsesuppe und ihre Ästhetik« oder den »Mißbrauch des Salats« (so lauten zwei Kapitelüberschriften) hinzugeben. Am ehesten könnte man das Werk noch Brillat-Savarins *Physiologie des Geschmacks* an die Seite stellen. Der diskursive Charakter des Stils hat gegenüber der *Katze* noch zugenommen. Eine Unzahl von Typen, die oft in direkter Rede zitiert sind, beleben den Fluß der conversazione perenne: der Schmarotzer, der Abergläubische, der Ignorant, die Lästerzunge, der Snob, der immer zu spät kommt, der Flegel, die heikle junge Dame, »kalte« und »invasive« Gastgeber, unverschämte Kinder und ihre Eltern, »Apologeten der zarten Sprößlinge«. Die Sprache mit ihrer oft barock anmutenden Häufung von Substantiven und Adjektiven (»Scheiben und Scheibchen und Riesenscheiben von kaltem Schweinsbraten«, »und der Teller, hingeschoben, weggeschoben, schwankend, von Osten nach Westen gestoßen«, »wieviel Rindfleisch, wieviel Kalbfleisch, wieviel Schweinefleisch, wieviel schwerer Wein, wieviel Kapaune, wie viele Enten, wie viele Truthähne und was für ein Berg von Mascarpone und was für ein See von dickflüssiger Sahne«[19]), mit ihren Vergrößerungsformen, Deminutiven und Pejorativen sowie ihren saftigen Vergleichen dient dem Ausdruckswillen des Gourmands und Causeurs Raiberti gleichermaßen. Apropos »Sprache«: Auch zur »questione della lingua«, dem jahrhundertealten italienischen Streit um eine allgemein verbindliche Norm, hat er das Seinige beizutragen: »[...] denn es sind fünf Jahrhunderte und mehr seit Dante vergangen, daß sie sich und uns mit der Frage der Sprache quälen;

sie ergehen sich in höllischen Streitereien und hacken ärger aufeinander ein als die Hühner in der Hühnersteige: und nicht nur wegen der Sprachnorm, sondern auch wegen des ABC und der Orthographie, der Doppelkonsonanten, der Akzente und der Beistriche [...]«.[20]

Das letzte von Raibertis größeren Werken, »sein reifstes und reichstes an kultivierter Humanität«[21], ist *Il viaggio di un ignorante ossia ricetta per gli ipocondriaci*, entstanden anläßlich einer Reise zur Weltausstellung nach Paris, erschienen 1857. Der Autor selbst kündigt es in der Zeitschrift *Uomo di pietra* vom 20. Juni 1857 als »eines der geistvollsten Bücher unserer Zeit und überhaupt« an und meint, »alle, die es sich ausleihen konnten, haben es zu dieser Stunde schon verschlungen«. Es beginnt mit einem Lob der Ignoranz, der »verginità della mente« und einer Demonstration der Unbrauchbarkeit der Wissenschaften, wie z. B. der Statistik, welche »die absurde Ehe von Laune und Arithmetik« sei, aus der eine »Nachkommenschaft höchst monströser Irrtümer geboren werde«[22]. Auch die Kenntnis des Französischen stellt sich als unnötig, ja sogar als gefährlich für den Reisenden heraus. Wer eine zusammenhängende Information über Aspekte des damaligen Frankreich erwartet, wird enttäuscht. Zwar ist die Prosa des neugierigen Beobachters Raiberti reich an Fakten, Beschreibungen und Porträts, aber all das erscheint im Zerrspiegel der Ironie, der doppelbödigen Anspielung, des überraschenden Vergleichs. Snobismus, Pseudokunst und -kultur, die klägliche Rolle des unter diesem Namen gar nicht bei der Weltausstellung vertretenen Italien werden aufs Korn genommen. Der Louvre bietet naturgemäß reichlich Material für die Betrachtungen des Ignoranten (»Damit ein Bild meine Aufmerksamkeit auf sich lenkt, muß schon ein großer Name darunterstehen, sonst nehme ich es nicht einmal zur Kenntnis, selbst wenn es von Gottvater gemalt wäre.«[23]) und den Ausgangspunkt für Vergleiche mit den Vatikanischen Museen, in die der Unwissende einst von Freunden verschleppt worden war. Trotz des lakonischen Gesamturteils: »Der Vatikan hat mich zum Fluchen gebracht, der Louvre zum Einschlafen«[24], schneidet der Louvre nach der Maxime »Die schlimmsten Feinde der schönen Künste sind müde Füße«[25]

besser ab. Er verfügt nämlich gegenüber dem gänzlich bank- und sessellosen Vatikan im Überfluß über Fauteuils, Kanapees und Diwane: »[...] im berühmten Salon carré, wo viele Millionen Francs konzentriert und in Raffaels, Leonardos, Coreggios, Murillos etc. umgesetzt sind, befindet sich auch ein immenser elliptischer Diwan, mit einer weichen Rückenlehne, wo 40 Personen, genauso dick wie ich, gleichzeitig schlafen können.«[26] Dort und anderswo macht der Ignorant seine kleinen Nickerchen zwischen den einzelnen Kunstgenüssen, bis er eines Tages vor einem riesigen *Gastmahl* des Paolo Veronese in einen Tiefschlaf versinkt, aus dem ihn erst energisches Rütteln des lächelnden sergent de ville vom Dienst weckt: »Da sagte ich: – Pardon monsieur! J'étais en extase devant ces chefs-d'œuvres, et aussi devant ces hors-d'œuvres (und wies auf das Gastmahl des Veronese hin): merci bien! – und ging davon.«[27] Die Treffsicherheit von Raibertis Kunsturteil ist beachtlich, man mag dies aus der bündigen Charakteristik des Fra Angelico (»secco, secco, duro, duro, soave, soave«[28]) ersehen. Höchst originell, drastisch und bedenkenswert ist Raibertis Polemik gegen das Nonplusultra der Bildhauerkunst, die Laokoon-Gruppe, und bald darauf der Bruch eines anderen Tabus, die Kritik am Moses des Michelangelo. Auch in diesem Werk wird die »questione della lingua« aufgeworfen: Im XI. Kapitel findet sich eine köstliche Polemik gegen das puristische »Man kann doch nicht!« der »Toskanisten«: »polenta« oder »polenda« (toskanische Variante, gefunden bei Nicolò Tommaseo) – diese herzbewegende Frage wird virtuos auf allen Registern durchgespielt. Der Stil ist von extremer Freiheit: lange, bizarre Aufzählungen von Objekten, riesige Parenthesen, Zitate, volkstümliche Wendungen und sprichwörtliche Formeln, lebhafte direkte Reden. Bei der abschließenden Reflexion über die Ignoranz verdüstern sich die Gedanken des virtuosen Spötters zu einer bitteren Invektive: »Geht doch zum Teufel! Ich habe weder Lust noch Zeit, euch weiter anzuhören: Die Sitzung ist geschlossen.«[29]

So bitter ist Giovanni Raiberti mit seinen Lesern sonst nicht gewesen. Meist hatte er in seiner Doppelfunktion als Arzt und Dichter Rezepte für die Leiden seiner Mitmenschen und die Übel seiner Zeit gefunden. Als man ihm vorwarf, daß die Leute um so weniger Vertrauen zu seinem Doktordiplom haben würden, je mehr Verse ihm aus der Feder flössen, hatte er sich mit dem Hinweis auf die ruhmreichen Vorgänger Fracastoro und Redi verteidigt und schließlich auf das unwiderlegliche Beispiel des Heil- und Musengottes: »Aber das Zitieren von irdischen Beispielen ist doch letztlich verächtlich. Apollon selbst, der große Vater Apollon, ist er nicht gleichzeitig Gott der Verse und der Rezepte? Und was sind denn Verse in Wahrheit, wenn nicht Rezepte gegen die vielen Leiden des Lebens?«[30]

Raibertis Federkrieg mit den Österreichern dauerte bis an sein Lebensende. Als langjähriger Mitarbeiter des *Uomo di pietra* half er mit, den Widerstand gegen Erzherzog Maximilian zu organisieren, der als Gouverneur die Mailänder mit Charme, »con le cortesie«, und Verbindlichkeit bei der Stange zu halten suchte, und freilich fand sich Raibertis Name trotz Aufforderung nicht unter denen der zahlreichen Italiener, die dem Allerhöchsten Herrn untertänigst in jenem Album ihre Treue attestierten, das man anläßlich seiner Rettung vor dem Libény-Attentat von 1853 hergestellt hatte. Fast zu schön, um wahr zu sein, mutet die berühmte Episode aus Raibertis letztem Lebensjahr an, die allerdings übereinstimmend von vielen seiner Biographen berichtet wird: Raiberti, der im Jahr 1859 einen Schlaganfall erlitten hatte, wurde, gelähmt und apathisch, wie er war, regelmäßig ins Haus des Grafen Porro Schiaffinati zu seinen Freunden getragen. Eines Tages sah er dort auf dem Tisch einen offenen Brief von der Hand Garibaldis liegen, den dieser aus Quarto an den Grafen gerichtet hatte. Von vaterländischer Begeisterung durchglüht, stieß der sprachlose Dichter mit äußerster Kraftanstrengung den teuren Namen »Garibaldi!« hervor. Freudig umringten ihn die Freunde in der Hoffnung, er habe die Sprache wiedergefunden, aber es sollte sein letztes Wort sein. Raiberti starb im Dezember 1861, neun Monate nach der Einigung Italiens, die er so sehr herbeigesehnt hatte.[31]

Die Verfasserin hat diesem Artikel den Titel »Ein genialer Humorist ist wiederzuentdecken« gegeben: Wiederzuentdecken im doppelten Sinn – von der Italianistik, die diesen bedeutenden Schriftsteller und Dichter vernachlässigt hat und oft nicht einmal in den Literaturgeschichten erwähnt, wiederzuentdecken aber auch in Form einer kürzlich in der Edition S, dem Verlag der Österreichischen Staatsdruckerei, erschienenen Neuübersetzung seines bekanntesten Werkes: *Die Katze. Physiologische und moralische Bemerkungen.*

Die Übersetzerin, zugleich die Verfasserin dieses Artikels, hat dem Werk das Vorwort vorausgeschickt, das Aldo Palazzeschi für seine Neuausgabe von 1946 schrieb, den »Schwanz« hingegen, den Raiberti der zweiten Auflage seiner *Katze* von 1846 beifügte, weggelassen, da er dem Leser allzu detaillierte Kenntnisse kulturhistorischer Fakten des italienischen 18. und 19. Jahrhunderts abverlangt hätte. Im übrigen betrachtet die Übersetzerin, geboren und ausgebildet in Wien, dem eigentlichen Nest des mittlerweile längst demolierten Doppeladlers, ihre Arbeit als eine späte Genugtuung für Giovanni Raiberti. Sie hofft, daß er sich, ausnahmsweise, sogar damit abfinden könnte, daß seine *Katze* nunmehr in der von ihm so sehr verabscheuten »teutonischen« Sprache vorliegt.

Anmerkungen

1 Giovanni Raiberti, *L'Avarizia, Satira di Quinto Orazio Flacco esposta in dialetto milanese*, Mailand 1837, prefazione, S. 9.
2 Giuseppe Rovani, *Le tre arti considerate in alcuni italiani contemporanei*, Mailand 1874, S. 42.
3 Zitiert nach Giovanni Raiberti, *Sul gatto et al.* A cura di Ester Rossi Negro, Novara 1968, S. 7.
4 Giovanni Raiberti, *Brindisi*, in: Ferdinando Fontana, Antologia Meneghina, Bellinzona 1900, S. 304.
5 Ders., *L'arte di convitare spiegata al popolo*, 1ª parte, Mailand 1850, S. 74.
6 Ebd., S. 11.
7 Giovanni Raiberti, *Il volgo e la medicina*, Turin 1840, S. 89.
8 Ders., *Sul gatto. Cenni fisiologico-morali*, Mailand 1845, S. 9.
9 Ders., *L'arte di convitare*, 2ª parte, Mailand 1851, S. 7.

10 Alba Pigatto, *Giovanni Raiberti, il medico-poeta*, Florenz 1922, S. 64.
11 Die schon mehrmals zitierte Ausgabe von Ester Rossi Negro ist nach Wissen der Verfasserin dieses Artikels die letzte.
12 Giovanni Raiberti, *Sul gatto*, a. a. O., S. 14f.
13 Ebd., S. 31.
14 Ebd., S. 53.
15 Selbstcharakteristik Raibertis in der Zeitschrift *Uomo di pietra*, 13. Nov. 1858.
16 *Sul gatto et al.*, a. a. O., S. 16.
17 Ebd., S. 20.
18 Giovanni Raiberti, *Il marzo 1848*, Mailand 1848.
19 Ders., *L'arte di convitare*, 2ª parte, a. a. O., S. 29.
20 Ebd., S. 53.
21 *Sul gatto et al.*, a. a. O., S. 22.
22 Giovanni Raiberti, *Il viaggio di un ignorante*, Mailand 1857, S. 6.
23 Ebd., S. 122.
24 Ebd., S. 112.
25 Ebd., S. 149.
26 Ebd., S. 120.
27 Ebd., S. 127.
28 Ebd., S. 121.
29 Ebd., S. 226.
30 Giovanni Raiberti, *L'Avarizia*, a. a. O., S. 11.
31 Vgl.: Ders., *Il Gatto*, a. a. O., und: Alba Pigatto, a. a. O.

Sabine Rutar

Der Collio: Weingebiet im Friaul

Se la Dama di Duino
Vin mi porge peregrino
Cento volte a Lei la mano
Bacierò per l'atto umano
Se la sposa dà Toccai
Canterò con aurea lira
Ciò, che tanto in Lei s'ammira,
Lo splendor dei dolci rai.
E se d'Arach la contessa
Vin mi porge Piccolito,
lo nel cor del don gradito
La memoria terrò impressa. [...]

Conte Giorgio die Polcenigo [1]

[Reicht die Dame von Duino / mir erlesenen Wein / küsse ich ihr hundertmal die Hand / für diese gefällige Geste / Kredenzt Tocai die Braut / besinge ich mit güldener Leier / das, was man an ihr so sehr bewundert, / ihren sanft glänzenden Schimmer. / Und schenkt Arachs Gräfin Picolit mir ein, / werde ich die Erinnerung / an diese willkommene Gabe / im Herzen bewahren.]

Im Weinkeller der *Castellada*, des landwirtschaftlichen Betriebes der Gebrüder Bensa, schenkt Giorgio Bensa seinen Besuchern ein: einen 85er Cabernet, dessen rubinrote Farbe man statt tief eher tiefgründig nennen könnte. Den Gläsern entströmt ein angenehmes Himbeerbouquet, das in eigentümlichem Gegensatz steht zum warmen, trockenen Geschmack, ausgewogen und gehegt in fast sechsjähriger Alterung im Holzfaß. In Albano Bidasio, dem Direktor des *Consorzio Tutela Vini Collio* (Genossenschaft zum Schutz der Weine des Collio), weckt dieser Rotwein die Vorstellung eines stillen, lichten Nachmittags bei einem guten Buch. Man müsse ihn langsam hinunterschlucken, sagt er, und dann genießerisch den Mund bewegen und nachzählen, wie lange sein Schweif noch zu verspüren sei. Die erschmeckten acht oder neun Sekunden weisen den Cabernet endgültig als großen Wein aus. Draußen mischt sich entfernter Donner in das Geräusch fallender Tropfen, die Weingärten verwischen nach einigem Auf und Ab im Regenschleier. Der Blick schweift über die sachten Hügel des Collio, des schmalen, halbmondförmigen Weingebiets im östlichen Friaul. Die Landschaft bekommt eine geheimnisvolle Note.

Im Jahre 238 kam der römische Kaiser Maximinus Thrax mit seinen Truppen über die nahe, niedrigste aller Alpenketten und zog gegen Aquileja. Der Überfall war erfolglos, Maximinus wurde samt seinem Sohn bei der Belagerung erschlagen. Eine minder wichtige historische Episode. Im Collio jedoch gehört sie zu den meisterzählten: Hatten doch die unzähligen Fässer, die in den umliegenden Weingärten herumlagen und von denen der antike Geograph Strabo berichtet, sie seien größer als Häuser gewesen, es Maximinus erst ermöglicht, Aquileja zu erreichen. Er benutzte sie, um in der Nähe von Gorizia eine fehlende Brücke über den Isonzo zu bauen. Seit ältesten Zeiten also gilt, was die Einheimischen stolz über ihr Land verkünden: Es sei *un vigneto chiamato Friuli*, ein Weinberg namens Friaul.

Die Sonne bricht durch, der Regen hat die Luft erfrischt und klargewaschen. Die parallelen Linien der Weinberge verlieren sich im Wechselspiel mit Weizen- und Ackerfeldern, mit Tupfern gelben Rapses, roten Mohns, violettgrüner Kräuter, mit schwarzem Holunder und weißen Robinien vor den weißgrauen Gipfeln der Julischen Alpen. […] *Dut il distín di un omp, / lis disgrassiis, / ta chè fres' cia ùa pena ciolta / e vecia coma il mond. […]* (Eines Menschen gesamtes Schicksal, / sein Unglück, / in jener jungen, eben gepflückten Traube, / die alt ist wie die Welt), schrieb Pier Paolo Pasolini.[2] Man spürt die Authentizität, die tiefe Verwurzelung der Menschen mit ihrem Land.

Giorgio und Nicolo Bensa haben sich einer besonderen Philosophie verschrieben: Seit einigen Jahren experimentieren sie mit der Alterung ihrer Weine, sowohl der roten als auch der weißen, in Holzfässern. »Seit die Winzer der Keltertechnik Herr geworden und nicht mehr auf Holzfässer angewiesen sind, beginnen sie, diese gezielt einzusetzen, um diesem oder jenem Wein ganz bestimmte Charakteristika zu verleihen«, sagt Albano Bidasio. Der *Consorzio* fördert experimentelle Methoden der Weinbereitung: »Wenn es keine solchen Freiräume gäbe, gäbe es auch keine Entwicklung. Einen französischen Sauvignon erkennt sogar der Laie, für hiesige Weine galt bis vor ein paar Jahren gerade einmal die Feststellung, sie kämen aus Italien. Heute differenziert man schon insoweit, zu sagen, ein Wein komme aus dem Friaul, doch tatsächlich müßte man ihn schlicht als einen Wein aus dem Collio erkennen können.«

Marktorientierter Weinbau erfordert unverwechselbare Weine, besonders, um auch auf europäischem Niveau konkurrenzfähig zu bleiben. Allerdings herrsche bei den Konsumenten oft die Mentalität, zwischen kaum mehr als roten und weißen Weinen zu unterscheiden. »Wir sind dabei, die Werbeaktivität gezielt zu forcieren«, sagt Bidasio. Die Werbung spricht, zumindest vor Ort, mit dem enthusiastisch zärtlichen Unterton eines Liebhabers.

Land der feinen Stimmungsnuancen, Land der Märchenschlösser, der Legenden, Land des Tocai, des Sauvignon, der Malvasia, des Pinot grigio, des Picolit, Land des Cabernet, des Merlot, des Pinot nero: Der Cabernet ist die fünfundzwanzigste Weinprobe des Tages, und die Tatsache, daß die Probierenden an diesem Punkt weder Ermüdungs- noch Gleichgewichtsprobleme zeigen, sei Gütezeichen genug. In den Weindörfern entlang der *Strada del Vino e delle Ciliege* (Wein- und Kirschenstraße) werden die wohlklingenden Namen zu Farben, Gerüchen, Geschmäcken, Düften. So mag von der Azienda Polencic in Plessiva, kaum 200 Meter von der slowenischen Grenze entfernt, ein Traminer aromatico in Erinnerung bleiben, dessen Rosenbouquet selbst im schon geleerten Glas noch zu riechen war. Oder ein nur elegant zu nennender Tocai friulano der Azienda Pintar in San Floriano, der eine seltsame, aber vorzügliche Verbindung mit dem pikanten Geschmack des *frico*, eines friulanischen Käsegebäcks, einging.

»In keiner anderen italienischen Provinz gibt es soviel Adel wie hier«, schrieb Carlo Goldoni[3], und Conte Douglas Attems, Präsident des *Consorzio*, seit dieser 1964 begründet wurde, ein distinguierter älterer Herr mit charismatischer Ausstrahlung, macht jener 250 Jahre alten Feststellung alle Ehre. So heißt es, er habe auf die Frage, ob er sich ein Fußballspiel Österreich-Ungarn im Fernsehen anschaue, spontan wissen wollen, gegen wen sie denn spielten. »Ein Wein muß in adäquaten Gläsern, bei richtiger Temperatur und letztendlich auch mit dem notwendigen Stil und in passendem Ambiente serviert werden, um seine Eigenart und Qualität hervorzuheben«, sagt Conte Attems. Doch daran fehle es, in Weingütern und Restaurants, allzuoft: an einer Weinkarte, die dem Gast hilft, sich angemessen zu entscheiden. Eine Initiative des *Consorzio* soll Abhilfe schaffen: die *Botteghe del Collio* (Weinstuben des Collio). »Diesen Titel haben wir an bislang neun Restaurants verliehen, die dem Weinfreund nicht nur bei der Entdeckung der lokalen Weine helfen, sondern auch dabei, diese auf die beste Art zu genießen«, erklärt Albano Bidasio.

Im Collio hat man sich einem gehaltvollen Tourismus verschrieben: Ist er doch zudem Heimat und Lieblingsbetätigungsfeld eines der Mitbegründer des Agritourismus, Conte Michele Formentini. Aus seinem Schloß in San Floriano, seit 1520 in Familienbesitz, hat er ein vorbildliches agritouristisches Zentrum gemacht, und viele große und kleine Betriebe tun es ihm nach. Sowohl Winzer als auch Gastwirte begreifen nicht nur ihre Arbeit als Kunst, sondern bemühen sich auch, diese ihren Gästen nahezubringen.

Das ursprüngliche Gebiet des Collio gehört heute zum größten Teil zu Slowenien. Den italienischen Teil, der diesen Namen tragen darf, gibt es in dieser Form erst seit 1968, als man dem 60 Quadratkilometer großen Gebiet zwischen Isonzo und Judrio die Qualitätsgarantie *Denominazione d'origine controllata* (kontrollierte Ursprungsbezeichnung) zusprach. Albano Bidasio ist stolz darauf: »Der Collio war das erste Weinbaugebiet, das die *DOC* nicht nur für einen einzelnen, sondern gleich für elf Weine beantragte.« Der regionale Anteil an *DOC*-Weinen beträgt fast 40 Prozent und wird nur vom Trentino-Alto Adige übertroffen.

Im letzten Jahrhundert genoß Gorizia den Ruf eines »Nizza an der Adria«, und diesen verdankte es einem außergewöhnlich delikaten Mikroklima: Im Norden schützen die Bergketten das Land zwischen Kärnten und der Adria, von Süden her tragen die Ausläufer der berüchtigten Triestiner Bora die Meeresluft bis hierher. Durch die Reflexion des nahen Meeres werden zudem die Sonnenstrahlen sozusagen verdoppelt. Der weinbaulichen Berufung dieses Stücks Erde gaben vor den Römern schon die Kelten nach[4]; durch die Jahrhunderte hindurch waren die Weine des Collio an den europäischen Höfen bekannt und begehrt. Daß der Weinbau auch im Mittelalter wichtiger ökonomischer Faktor war, bezeugen die über das Land verstreuten Burgen. In Cormòns, einst Zentrum des karolingischen und ottonischen Feudalsystems, heute des Weinbaulandes Collio, ist auf dem Monte Quarin nur ein massiver Turm übriggeblieben. Die Aussicht ist dennoch beeindruckend: Von hier zeigte eine dünne Rauchsäule den umliegenden Schloßherren drohende Gefahren an. Deren Schlösser hingegen sind oft erhalten und neuerdings für Besucher zugänglich. Ippolito Nievo, spätromantischer Dichter (1831–1861), der einige Zeit im Castello di Colloredo nahe Udine residierte, sagt in seinem Roman *Le confessioni di un ottuagenario* [*Pisana oder die Bekenntnisse eines Achtzigjährigen*][5], den er 1858 als Siebenundzwanzigjähriger schrieb, was er von den friulanischen Burgen, speziell der Burg Fratta, hielt: »Der Mailänder Dom und Sankt Peter sind schon etwas; aber sie haben nicht annähernd dieses Gepränge großartiger Dauer [...]«; und das, nachdem er eben bedauert hat, daß Fratta in Trümmern liege. Rainer Maria Rilke ließ sich auf Schloß Duino nahe Monfalcone zu seinen Elegien inspirieren und sagte es auf seine Weise: »Nirgends, Geliebte, wird Welt sein, als innen.«[6]

Wenn Albano Bidasio von der *epoca post-fillossera* spricht, dem Zeitalter nach der Reblaus, meint er die Einführung der amerikanischen, reblausresistenten Rebart *Vitis vinifera* Ende des 19. Jahrhunderts, der die europäischen Rebsorten aufgepfropft wurden; sie kennzeichnet den Beginn des modernen Weinbaus.

Seit kaum zwanzig Jahren beginnen die Winzer, ihren Wein in Flaschen abgefüllt und somit marktorientierter anzubieten. Das, was den Collio zu einem Symbol für die moderne Önologie in Italien macht, ist ein anderer Aspekt: Während in anderen Regionen vorwiegend auf Technologie und Chemie gesetzt wird, stehen diese im Collio in ständigem Zwiegespräch mit Tradition und Ökologie. Der *consorzio* ist Initiator und beratender Mittelpunkt dieser Weinbauphilosophie. Dreizehn meteorologische Stationen messen Temperatur, Niederschlag und sogar die Feuchtigkeit der Blätter, zwei Solarimeter die Intensität und Dauer der Sonnenbestrahlung. Im Labor werden alle Werte gesammelt, die Winzer können sich per Telefonanruf oder durch Aushänge an den Hauswänden auf dem laufenden halten. »Im letzten Jahr sind wir ohne chemische Düngung ausgekommen«, sagt Albano Bidasio. »Düngemittel auf Kupferbasis muß man natürlich zum richtigen Zeitpunkt anwenden, damit sie wirken. Der Wein ist gefährdeter, wird aber um so besser, wenn er gelingt.« Düngung per Hubschrauber, andernorts längst üblich, lehnt er ebenfalls als zu unsensibel ab, ebenso den maschinellen Rebschnitt, da er im Zweifelsfall eine Krankheit in den gesamten Weinberg trage. Weinbau mit und nicht gegen die Natur erfordert Sensibilität und Geduld.

Die so harmonische Landschaft ist seit Jahrtausenden Schauplatz tumultuarischer Historien: Die letzte, naturgewaltige, brach 1976 über sie herein, als das schwerste Erdbeben der friulanischen Geschichte ganze Gemeinden dem Erdboden gleichmachte und unermeßliche Kulturgüter zerstörte. Über die Alpenkette drangen seit dem sechsten vorchristlichen Jahrhundert schier unerschöpfliche Völkerschaften nach Italien: Kelten, Markomannen, Westgoten, Hunnen, Ostgoten, Langobarden, die Franken unter Karl dem Großen, die Ungarn, die Staufer unter Friedrich I. »Barbarossa«, die Habsburger, die Franzosen unter Napoleon und wieder die Habsburger – von Süden kamen noch die Römer und die Venezianer. Ein »Kompendium der ganzen Erde« nannte Ippolito Nievo die Region und meinte damit auch den landschaftlichen Reichtum. Und vielleicht läßt sich hier, wo so viele Ethnien sich begegneten und auch heute neben-

und miteinander leben, glaubwürdig ein vielstrapaziertes Wort anwenden: Mitteleuropa. Dem Besucher begegnet die ethnische Vielfalt vorrangig auf die genüßlichste Weise. Bei hauchdünnen Lagen rohen Schinkens oder einem Omelette aux fines herbes mit Minzgeschmack, einem Risotto mit Gerste und Spargel oder süßen Pflaumenknödeln, Lammfleisch in Blätterteig oder Wildschweinbraten mit Polenta, schließlich vielleicht einem Stück Birnentorte oder Quarkstrudel genießt er erlesene *cucina mitteleuropea* und wandelt auf den kulinarischen Spuren der Slawen, Venezianer, Friulaner und Österreicher.

1866 wurde das Friaul geteilt: Der westliche Teil gelangte zum gerade geeinten italienischen Königreich, der östliche mit den Städten Cormòns, Gorizia, Grado und Triest blieb bei Österreich. 1915–1918 ging dann die Front mitten durch das Land. »Pro Quadratmeter gab es einen Toten, und das ist fast untertrieben«, sagt Albano Bidasio und macht in Oslavia auf ein Mahnmal aufmerksam: ein *ossario*, ein Beinhaus, in dem die Knochen der in den Isonzoschlachten gefallenen Soldaten aufbewahrt werden.

Nach dem Zusammenbruch der österreichischen Front gelangte 1919 auch das Westfriaul zu Italien. Doch die jahrhundertelange Tradition ist allenthalben zu spüren: In Cormòns schaut das Standbild Maximilian I. vom Sockel – statt des obligatorischen Garibaldi. Es erscheint authentisch: Leben mit der Geschichte statt mit überholten Feindbildern oder nur begrenzt vorhandenem Patriotismus. Und am 18. August, Geburtstag Kaiser Franz Josephs, feiert man das *Kaiserfest*, gelassen, heiter, anachronistisch, mit österreichischer Musik, mitteleuropäischen Spezialitäten – und Wein. Italiener erinnern sich eines Stücks Geschichte:

»Ich bin spazierengelaufen bis an den Ort, wo viel rotes Wasser war und viel Sonne. Und dann…«

»Und dann?«

»Dann bin ich zurückgekommen.«[7]

Anmerkungen

1 Conte Giorgio di Polcenigo, *Poesie;* aus einem Manuskript des Conte Carlo di Maniago aus dem Jahre 1764. Das Gedicht entstand zur Hochzeit des Conte Ridolfo Colloredo und der Contessa Claudia di Maniago.

2 *Poesie dimenticate* [Vergessene Gedichte], Udine 1976. Die Übersetzung ins Italienische: Tutto il destino di un uomo, / le disgrazie, / in quella fresca uva appena colta / e vecchia come il mondo.

3 *Memorie* (Übersetzung aus dem Französischen von Piero Bianconi), Rizzoli, Mailand 1985 [Mein Leben und mein Theater, Wien/Leipzig/München 1923]. Goldoni hielt sich zwischen 1725 und 1735 zweimal längere Zeit im Friaul auf.

4 Man fand das Grabmal eines antiken Küfers, zudem Tausende antiker Amphoren, Glas- und Bronzeweinkrüge; ebenso thematisieren unzählige Fresken, Mosaiken, Altäre und Skulpturen in den Museen und Kirchen der Region Wein und Rebe.

5 Ippolito Nievo, *Le confessioni d'un Italiano*, Mondadori, Mailand 1984 [*Pisana oder die Bekenntnisse eines Achtzigjährigen*, Insel, Frankfurt a. M. 1985, S. 11.]. Der ursprüngliche Titel *Le confessioni d'un Italiano* (Die Bekenntnisse eines Italieners) war, als der Roman 1867, sechs Jahre nach dem Tod des Autors, erschien, in *Le confessioni di un ottuagenario* umgeändert worden, damit er nicht fälschlicherweise an die damals üblichen politischen Memoiren erinnern sollte. Mondadori hat in der Ausgabe von 1984 den Originaltitel wieder übernommen.

6 *Duineser Elegien*, Piper, München/Zürich 1988. Zitat aus der siebten Elegie.

7 Ippolito Nievo, *Pisana oder die Bekenntnisse eines Achtzigjährigen*, a. a. O., S. 127.

Joachim Meinert

Erinnerung an Natalia Ginzburg

Der Zug, der mich nach Italien brachte, hielt auf dem Bahnhof von Bozen. Ich steckte mir den Kopfhörer des Miniradios ins Ohr und muß wohl zusammengezuckt sein, denn die Frau gegenüber blickte mich verwundert an. »... Questa mattina è scomparsa la scrittrice«, hatte ich aufgefangen und, noch eher gleichgültig, gedacht, wer denn nun schon wieder, als der Name folgte: »Natalia Ginzburg. Aveva 75 anni...« [Heute in den frühen Morgenstunden ist die Schriftstellerin... N. G. verstorben. Sie war 75.] Dies als erste Nachricht bei meiner Ankunft in Italien, am 8. Oktober, zu empfangen, es traf mich. Ich hatte nichts von ihrer Krankheit gewußt: *un male incurabile* (»eine unheilbare Krankheit«, wie die Italiener den Krebs zumeist umschreiben, fast abergläubisch, man nennt den Teufel nicht beim Namen), so las ich dann in den Zeitungen, erst vor kurzer Zeit entdeckt, Behandlung in einer Klinik in Nizza, in den letzten zwei Monaten rasante Verschlimmerung, in den ersten Nachtstunden des 8. Oktober der Tod. Sie ahnte nichts von so schlimmer Gefährdung, diktierte bis zuletzt die Übersetzung eines Maupassant-Romans, beklagte sich nur, daß sie keine *frittate* [Gebratenes] mehr essen und keinen Kaffee mehr trinken dürfe (und »von Eiern und Kaffee lebte sie«, wie ein Freund schreibt).

Italien hat in den letzten zehn Jahren fast seine gesamte literarische Elite verloren: Calvino, Morante, Primo Levi, Sciascia, Moravia, Pratolini... und nun noch die Ginzburg. Sie und Elsa Morante waren die großen Schriftstellerinnen Italiens, Stimmen von nicht nur hohem ästhetischem Rang, sondern auch von großem moralischem Gewicht. Natalia Ginzburg gehörte zu denen, die sich einmischen. Sie gab Interviews, schrieb Kommentare, Bücher, die politischen Streit auslösten: So als sie – die in eigener

Person und Familie vom Antisemitismus der Nazis und Faschisten getroffene Jüdin – die Politik Israels in den besetzten Gebieten kritisierte oder aber in ihrem letzten Buch, wo sie mit Courage eine Gerichtsentscheidung anfocht: Verena Cruz, ein kleines philippinisches Mädchen, zwischen zwei italienischen Adoptivfamilien hin- und hergezerrt, war durch ein legales, aber nach Natalia Ginzburgs Meinung unmenschliches Urteil zerrieben worden.

Nun lag sie also aufgebahrt, so las ich, in eben jenem ehrwürdig-barocken Palazzo an der Piazza Campo Marzio Nummer 3, gleich hinter Montecitorio, wo sie mich bei meinem letzten Italienbesuch – fünf Jahre hatte ich das Land entbehren müssen – empfangen hatte. Diesen Besuch hatte ich nicht vergessen: den Weg durch das breite Treppenhaus in eingedunkeltem Gelb bis nach ganz oben, im obersten Stock dann noch eine schmale, steile Wendeltreppe, die zu meiner Verblüffung nach draußen, auf das Dach führte. Hatte ich die Instruktion der Pförtnerin falsch verstanden? Aber nein, da bog ein schmaler Steg mit Geländer um die Ecke, und man kam an eine Tür, an der *Baldini* stand, der Name ihres zweiten Mannes. Damals war sie 70 gewesen, eine feine ältere Dame in Spitzenbluse und dunklem Rock, die mir öffnete. Freundlich hatte sie gefragt, ob ich erst mal einen Kaffee wolle und den dann auch selber gekocht. Ein riesiges Zimmer voller Bücher, Papiere, aber viel Raum, nur spärlich gesetzte, schöne alte Möbel, an den Wänden große Fotos von Leone Ginzburg, ihrem ersten Ehemann, und von Gabriele Baldini, dem zweiten. Beim nachfolgenden Gespräch war ihre Miene stets ernst, fast streng – keinen Augenblick das falsche Höflichkeitslächeln um den Mund, das man allenthalben sieht –, ihr Wesen aber freundlich und – so mein Eindruck – absolut offen und unverstellt. Sie gab ein Interview, obwohl ich das vorher gar nicht zu erbitten gewagt hatte, schaute mir nervösem Menschen beim Entwirren der Mikrofonstrippen zu und fragte: »Wollen wir's nicht ohne das Ding machen? Wir können's doch aufschreiben?« Von moderner Technik hielt sie wohl nicht so viel. Die drei, vier Briefe, die ich empfing, fand ich äußerlich kurios: neben der Briefmarke der imposante Riesenstempel der Camera dei Deputati, Adresse und Inhalt aber, im Kontrast dazu: handgeschrieben, von ihr selbst. Nicht einmal eine Sekretärin hat sie, die Abgeordnete, bemüht, und die Freunde berichten, daß sie nie eine Schreibmaschine benutzte, auch in den vielen Jahren nicht, die sie als Lektorin für Einaudi arbeitete. Auf meine Frage nach ihrem Verfahren beim Schreiben antwortete sie, sie denke eine Weile über das Buch nach und schreibe es dann in kurzer Zeit nieder, in wenigen Monaten, dann sei es fertig. In den Briefen ein klarer, großer, geschwungener Schriftzug, alle Buchstaben des Wortes in einem Zug verbunden, fast keine Korrekturen und Unsicherheiten. Wie bei den Büchern also: Sie denkt gründlich nach, ehe sie schreibt und redet (ach, wie gut, daß unsereiner einen Computer mit Delete-Taste hat!). Und der Inhalt ebenso: sachlich-klare, gewissenhafte Auskunft auf eine jede Frage des Übersetzers und Herausgebers, kein Wort zuviel, kein Gegenstand im Vagen verbleibend. Und wo Worte nicht deutlich genug sind, gar eine lustige kleine Zeichnung im Text: wie ein Kragen *alla carletta* aussieht oder wie ich mir eine Nase *un po'a fischietto* (also wörtlich: ein wenig wie eine Trillerpfeife) vorzustellen hätte... Und nach der letzten Erklärung, ohne überflüssiges Brimborium, *un caro e cordiale* oder *caro e amichevole saluto*, Natalia Ginzburg...

Wie man doch an solchen Äußerlichkeiten den Charakter erkennt: das Geradlinige, Klare, die Abneigung gegen jegliche Schau und Mache (im doch ein wenig zur Theatralik neigenden Italien nicht eben eine Selbstverständlichkeit). In den italienischen Nachrufen wird die Atmosphäre ihrer Bücher immer wieder mit Wörtern wie *tragico, accorato, vuoto esistenziale* umschrieben (tragisch, traurig, existentielle Leere). Was ich fast gar nicht finde: die Worte *comicità* und *umorismo*. Dabei empfinde ich die Erzählerin Ginzburg (und erst recht die Stückeschreiberin, oft auch die Essayistin, zumal in den *Kleinen Tugenden*, dem ersten Essaybändchen von 1962) vor allem als eine Humoristin: die Tragikomik des Alltags, die Auflösung der traditionellen Familie, das ist ihr Thema, um es zu gestalten aber fängt sie den unfreiwillig erheiternden Stumpfsinn der Banalität ein, die obstinaten Denk- und Sprachklischees ihrer Figuren: keine ungetrübte

Photo: Jerry Bauer

Natalia Ginzburg
(1916–1991)

Heiterkeit, gewiß, aber doch Humor, von einer leisen, melancholischen Spielart.

In manchen Gedenkanzeigen von Angehörigen und Freunden, die ich im römischen *Messaggero* und in der Turiner *Stampa* fand – Turin und Rom, das sind die beiden Städte, wo sie, die 1916 eher zufällig in Palermo Geborene, überwiegend gelebt hat –, stand der Name so: NATALIA LEVI GINZBURG BALDINI. Namen, in denen beinahe sinnbildhaft die in vieler Hinsicht tragische Geschichte dieses Lebens aufleuchtet: LEVI, der Name des Vaters, Anatomieprofessor im Turin ihrer Jugend, dessen (unvergeßlich komisches) Porträt sie in ihrem wundervollen *Familienlexikon* (1963) geliefert hat. GINZBURG, der Name des in Odessa geborenen, ebenfalls jüdischen Slawisten und Schriftstellers Leone Ginzburg, den sie 1938 heiratete: Kopf des berühmten Zirkels antifaschistischer Intellektueller in Piemont. Ihn begleitete sie 1942 in die von den Faschisten verhängte Verbannung in das Abruzzendorf Fizzoli, das den Hintergrund ihrer frühen Erzählung *Die Straße zur Stadt* bildet. (Um sie im seit 1938 auf deutsches Drängen antisemitisch gewendeten Mussolini-Italien veröffentlichen zu können, gebrauchte sie einen weiteren Namen, das Pseudonym Alessandra Tornimparte.) Leone Ginzburg kam im Februar 1944 im römischen Gefängnis Regina Coeli unter grauenhaften Umständen (in der von der SS verwalteten deutschen Abteilung) ums Leben: da war Natalia 27, eine junge Frau. In ihren Texten spricht sie kaum je davon, einmal jedoch, im autobiographischen Essay »Mein Handwerk«, benennt sie, recht abstrakt, wie zurückscheuend vor einer erneuten Vergegenwärtigung, jenen »wahren, unabwendbaren und unheilbaren Schmerz, der mein Leben zertrümmert hat«.

Sie bleibt in Rom, zieht drei Kinder auf, arbeitet für den Turiner Verleger Einaudi als Lektorin, übersetzt (u. a. zwei Bände der Proustschen *Recherche*) und schreibt. Erzählungen, längere zumal, Kurzromane, später auch Stücke, Essays. 1950 heiratet sie wieder, den Anglisten Gabriele BALDINI, mit ihm geht sie für ein paar Jahre ins ungeliebte England. 1969 stirbt Baldini, erst 50jährig, da ist sie 53. Sie ist unterdes eine angesehene Schriftstellerin in ihrem Lande und in der Welt, und in den letzten Jahrzehnten eine moralische Autorität, in der sich die scheinbar zerfallenden Werte des Antifaschismus lebendig und unanfechtbar verkörpern.

In jenem Interview im Herbst 1986 sagte sie mir – konkret auf das Parlament bezogen, in dem sie als unabhängige Linke saß: »Es herrscht eine schreckliche Inflation des Wortes. Es sollte weniger, es sollte wenig geredet werden.« Nun wird sie nicht mehr reden. Aber gerade ihre kargen, präzise gesetzten, illusionslosen und oft unbequemen Worte – sie dürften Italien und dem lesenden Teil der Welt schmerzlich fehlen.

Notizbuch:

Columbus: Erbsünder, Held, »Mensch wie alle anderen«?

Wäre Caesar nicht in Gallien eingefallen, hätte er nicht – durch Plünderungen, Genozid, Errichtung einer rigiden, vaterstadthörigen Verwaltung – die Region innerhalb weniger Jahre »befriedet«, wäre in Frankreich, in Europa, auf der ganzen Welt so einiges anders gelaufen: Kein Karl VIII. wäre in Italien eingefallen, kein Napoleon I. hätte unseren Kontinent, kein Napoleon III. drei Kontinente zu blutgetränkten Spielwiesen imperialer, imperialistischer Träume herabgewürdigt, Afrika und Mittelamerika und Fernost wären Jahrhunderte kolonialer Unterjochung erspart geblieben und Abermillionen von Gymnasiasten in aller Welt, auch in Gallien, die Lektüre der öden, ad personam geschönten Commentarii de bello Gallico.

Moral: Caesar war an allem schuld, am Anfang war Caesar, Schmutz über das Haupt des Caesar beim nächsten fälligen (wann?) »Jubiläum« der Erschließung und Eroberung Galliens.

Ohne Caesar hätten wir freilich auch keinen Rousseau, der uns jene regressiven Visionen präkolonialer, präindustrieller Paradiese zeichnet, die wir brauchen, um alles besser zu wissen – in Europa und anderenorts.

Nun ist, aus gegebenem Anlaß, Columbus dran. Am Anfang war Columbus. Dem unreflektierten, von Süd- und Nordamerika wohlgemerkt mehr denn geduldeten Triumphalismus Europas vor hundert Jahren folgt die massive interkontinentale Demontage von heute. Die Nachfahren hemdsärmeliger Eroberer sind – hüben wie drüben – sensibel geworden. Schuld freilich sollen – wie so oft im Leben – wieder nur die anderen sein, die Früheren, Columbus inklusive, mit dem ja alles anfing. Oder nur die Europäer, auch die heutigen.

Wenn Indios so argumentieren, hat dies beileibe seine Richtigkeit; für Indios hatten die Eroberer auf dem eroberten Indio-Gelände nur wenig Platz. Wenn Kreolen oder gar Nordamerikaner so argumentieren (»Wir, die Entdeckten und Eroberten«), wird die Sache unhistorisch, lächerlich, ödipal. Unhistorisch auch die These einer fortwährenden Dependenz, eines Junktims zwischen den Massenmorden, Versklavungen, dem Raubbau von einst und den ökonomischen, politischen, sozialen Krisen von heute, zwischen den weltanschaulich verbrämten Verbrechen europäischer Konquistadoren und den – wenn überhaupt – ideologisch frisierten Sadismen schwarzer oder roter autochthoner Diktatoren (und den Versäumnissen der Demokraten).

Wenn Indios, Überlebende der Massaker im 16. Jahrhundert, auch heute ein kulturell und politisch marginales Dasein führen müssen, so liegt dies nicht (mehr) an der Mentalität des genuesischen Seemanns, der sie »entdeckte«, sondern an den Regierenden von heute, die für eine Integrierung aller Bevölkerungsteile wenig oder nichts unternehmen.

Vier Jahrhunderte lang, ziemlich genau bis zum Schlüsseljahr 1892, wurde Columbus als uneigennütziger Pionier des Abendlandes gehandelt, als göttlich prädestinierter Herold der einzig wahren Religion, als Säulenheld auf Dutzenden von Monumenten diesseits und jenseits des Ozeans verehrt. Und ohne die Sache mit Beatriz (Frucht: Hernando, erster Biograph des weitsichtigen Vaters), ohne die ungeklärte Frage der Reliquien (zunächst zu wenige, ab 1876 bis heute: zu viele) hätte er es bis zum Heiligen gebracht.

Das war sicher des Guten zuviel. Hundert Jahre später schlägt das Pendel in die entgegengesetzte Richtung aus. Columbus sank für viele zum Erblasser einer Urschuld herab, zum vorsätzlichen Ersttäter einer historischen Entwicklung, die er nicht voraussehen konnte. Das ist kindisch und ungerecht zugleich. Columbus witterte mit Grund einmalige, unermeßliche Aufstiegs- und Bereicherungschancen. Er setzte seine Pläne durch – dank einer Hartnäckigkeit, die freilich andere an seiner Stelle ebenso aufgebracht hätten beziehungsweise vielleicht (wenige Jahre nach 1492) nicht mehr hätten aufbringen müssen. Denn im Zeitalter, das Oswald Spengler das »faustische« nennt, wäre die Entdeckung der Neuen Welt durch Europa allemal erfolgt – mit Columbus oder ohne. Die Tragik der Conquista ist nicht an Individuen geknüpft. Sie ist an die weitergehende Frage geknüpft, warum bestimmte Völker, Religionen, Kulturen sich expansiv verhalten, andere hingegen nicht. Und warum bestimmte Expansionen gegenwärtig weniger im Rampenlicht des Interesses und der Kritik stehen (wen schert heute die blutige Eroberung Sibiriens im 16. und 17. Jahrhundert?) als andere. Die Empörung von 1992 über 1492 entspringt nicht nur der soundsovielten europäischen Kulturmalaise. Sie hängt vielmehr zusammen mit der Wertung von Europas Präsenz und Einfluß in Übersee im Lauf von fünf Jahrhunderten. Waren sie stets nur negativ? Die Sklaverei ist keine Erfindung Europas, die für Emanzipation kämpfende Aufklärung keine Erfindung Amerikas. »America latina«: Warum, im Verlauf des 19. Jahrhunderts, ausgerechnet diese Selbstbenennung – und warum ist sie im Jahrhundert berechtigter indigenistischer Postulate geblieben?

Niemand freilich wird daran gehindert, mit unreflektiertem Entdeckungskonsens und pauschalisierender Entdeckungskritik gleichermaßen, je nach Standpunkt, Geschäfte zu machen, auch in diesem unserem Lande. In einer Informationsbroschüre der Hessischen Volkshochschule empfehlen Inserenten ihre Vortragsdienste, mit Honorarangaben. Mit Blick auf den Buchmessetermin vom Herbst 1991 nagelten Verlage Ad-hoc-Produkte zusammen, potentielles Restauflagenfutter für sogenannte »moderne« Antiquariate ab Januar 1993. Zwei Werken, die wir im folgenden vorstellen wollen, wird dieses Schicksal hoffentlich erspart bleiben. Obwohl beide – auf recht konträre Weise – veranschaulichen, in welche Richtungen Columbus-Legendarisierung und Columbus-Kommerzialisierung heute treiben können.

Zunächst Kirkpatrick Sale, *Das verlorene Paradies: Christoph Columbus und die Folgen.* (München–Leipzig 1991). Kirkpatrick Sale, Mitbegründer der USA-Grünen, legt den Schwerpunkt seiner Entdekkungskritik auf die moralischen und ökologischen Folgen europäischer Ausbeutungsmentalität. Die Geschichte der Entdeckung Amerikas sei die Geschichte einer verpaßten Chance Europas, in der noch intakten, »paradiesischen« Neuen Welt Alternativen zur sozial und moralisch darniederliegenden eigenen Alten Welt zu sehen und zu nutzen. Die europäische Aneignung Amerikas komme deren Zerstörung gleich, einem Genozid an Menschen, Tieren, Pflanzen. Und hier die eingangs monierte Personalisierung: »Columbus verkörpert vor allem den Beginn der Neuzeit – in unserer Hemisphäre die letzten fünf Jahrhunderte; in seinem Charakter und in seinen Leistungen wird für uns das Grundmuster sichtbar, das dieses Zeitalter von Anfang an prägte und größtenteils auch heute noch prägt. Er war für die Art und Weise der Übertragung der europäischen Kultur auf den amerikanischen Kontinent verantwortlich [!], nicht nur als Befehlshaber der Spanier, sondern auch als Vorbote der nachfolgenden Nationen [...]. Er begründete das Erbe der europäischen Zivilisation in der amerikanischen Welt; diese Zivilisation beherrschte unsere Kultur fünf Jahrhunderte lang, und ihre Auswirkungen stellen heute unser Überleben in Frage.«

Sales Hoffnung: »Wir sind jetzt vielleicht sogar in der Lage, die Entdeckung selbst und die von ihr in Gang gesetzten Prozesse mit anderen Augen zu betrachten, und vielleicht gelingt uns im Rückblick eine Neubewertung der von ihr begünstigten industriellen Zivilisation und ihrer Werte und Ziele.«

Sales Forderung, als letzte Chance, uns und die von uns bedrohte Welt zu retten: zurück zur Natur. »Das Vorbild der Indianer wäre damals Erlösung gewesen, und es könnte heute noch Erlösung sein. [...] Es gibt nur eine mögliche Lebensweise in Amerika, es kann nur eine geben, und es ist die der Amerikaner – der ursprünglichen Amerikaner –, denn das fordert die amerikanische Erde von uns.«

Zurück zur Natur: absurd, zu spät, dennoch bedenkenswert? Schon im *Easy-Rider*-Film der sechziger Jahre lag die tiefste (unerkannte) Tragik nicht darin, daß Peter Fonda am Schluß von hinten über den Haufen geschossen wird, sondern daß seine Alternativ-Kommune in monumentaler, scheinbar unberührter Natur nur unweit der nächsten Tankstelle funktionieren konnte – solange sie funktionierte.

Soviel zu Sale. Von ganz anderer Stoßrichtung Simon Wiesenthal, *Segel der Hoffnung: Christoph Columbus auf der Suche nach dem gelobten Land* (Berlin–Frankfurt/M. 1991). 1972 erstmals erschienen und kurz darauf verramscht, bald danach (1984) als Taschenbuch erneut auf dem Markt, werden die bewußten Segel nun zum drittenmal gehißt – und dem arglosen Leser im Klappentext als brandneue »aufsehenerregende Forschungsergebnisse« angepriesen, »rechtzeitig zur 500-Jahrfeier der Entdeckung Amerikas«. »Der Autor widerlegt das fromme Märchen« von Columbus' christlich-missionarischer Reisemotivation usf. Derlei Absatzstrategien sind unredlich. Die These einer jüdischen Herkunft des Columbus ist für sich genommen, d. h. unabhängig von ihrer Haltbarkeit, faszinierend. Sie kam jedoch bereits Ende des 19. Jahrhunderts auf, steht im Zentrum der berühmten Monographie von Salvador de Madariaga *Kolumbus, Entdecker neuer Welten* (Bern–München–Wien 1966, ²Wiesbaden 1973) und entbehrt auch in der popularisierenden Neuschilderung Wiesenthals jener bitter nötigen Beweise für die Behauptung, Columbus sei im Auftrag und mit finanzieller Hilfe der 1492 kurz vor der Vertreibung stehenden jüdischen Bewohner Spaniens aufgebrochen, um das gelobte Land zu suchen. Der auch in der Bibliographie um kein Jota aktualisierte Text hätte

Günter Böhms erst 1992 gedruckten Bericht zur Forschungslage nicht nutzen können.[1] Aber auch von Sarah Leibovicis *Christophe Colomb Juif. Défense et illustrations*, Maisonneuve & Larose, Paris 1986, der jüngsten und zugleich beherztesten Monographie zur Sache, findet sich in bewußter Drittauflage keinerlei Spur.

Enttäuschte Leser könnten sich trösten durch den Umstand, daß die These ganz unabhängig von ihrer Belegbarkeit eine Vielzahl von Schriftstellern vieler Länder angezogen hat und mit gutem Grund weiterhin anzieht: Wladimir Majakowski, Jakob Wassermann, Fritz Heymann, Alejo Carpentier, Antonio Gala... Sie alle veranschaulichen, wie man auf der Basis einer These (oder, je nach Perspektive: Legende) Geschichts- und Zeitkritik betreiben kann, ohne schrillen Pauschalverdammungen das Wort zu reden.

Blicken wir hierfür abschließend und stellvertretend auf Alejo Carpentiers Columbus-Roman *El arpa y la sombra* (1979), [*Die Harfe und der Schatten*, Frankfurt 1983]. Carpentier literarisiert den Kontrast zwischen realer Vita und posthumer Fama, jener noch 1927 von Paul Claudel auf der Bühne gestalteten Fama eines, wie erwähnt, heiligmäßig handelnden und leidenden Heros. Als unsichtbarer Schatten, so will es der kubanische Autor – wohnt der Entdecker zu guter Letzt, d. h. um 1885, im Vatikanpalast einer [fiktiven!] Kommissionssitzung bei, auf der die Beatifizierungsbefürworter aus den gleichfalls oben genannten Gründen kläglich scheitern. Draußen, auf Berninis barockem Kolonnadenplatz, begegnet der tief Enttäuschte einem weiteren Schatten: Andrea Doria, Admiral und Genuese wie Colombo. Zwischen dem Mittelmeerstrategen und dem Ozeanfahrer kommt es – natürlich in genuesischem Dialekt – zu einem herzlichen Gespräch. Andrea weiß Trost für den gescheiterten Seligen: Die Ehre der Altäre habe, nahezu naturgemäß, bislang kein einziger Seemann erklommen – »einfach deshalb, weil ein Seemann zum Heiligen nicht geschaffen ist«. Worauf der Dialog rasch erstirbt, und Columbus, »der Mann, der dazu verurteilt worden war, ein Mensch wie alle anderen zu sein«, alleine, das heißt: von keinem Lebenden wahrgenommen, auf der Piazza zurückbleibt. »Und genau an jener Stelle des Platzes« – so die letzten Worte des Romans –, »von wo aus, wenn man auf die kreisförmigen Kolonnaden blickt, vier Säulen aussehen wie eine einzige, löste sich der Unsichtbare in der ihn umfangenden, ihn durchwehenden Luft auf und wurde eins mit der Transparenz des Äthers.«

Keine christliche Transsubstantiation fürwahr, auch keine pagane Apotheose. Vielmehr die Auflösung einer Ich-Substanz im All – und doch zugleich eine erdbezogene, besinnlich-trauernde Columbus-Wertung. Ersonnen 1978 von einem Autor aus Kuba, vor dessen Küste es dem ahnungslosen Entdecker einst schien, »daß hier eine Welt ende und eine andere beginne: ein anderes Etwas, etwas anderes, das [er] selbst nicht mehr erkennen konnte [...]«.

Titus Heydenreich

Anmerkung

1 Günter Böhm, »El supuesto orígen judío de Cristóbal Colón: una reevaluación«, in: *Columbus zwischen zwei Welten: Historische und literarische Wertungen aus fünf Jahrhunderten.* Herausgegeben von T. Heydenreich. Vervuert Verlag, Frankfurt a. M. 1992 (Lateinamerika-Studien, Bd. 30) [im Druck].

Über Rodolfo Wilcock (1919–1970)

Der in Argentinien geborene Schriftsteller Rodolfo Wilcock ist ein Geschenk, das der italienischen Literatur gemacht wurde. Als er sich 1958 in Italien niederließ, hatte Wilcock in Buenos Aires bereits sechs Gedichtbände veröffentlicht und war dort als ein junger Schriftsteller im Kreis um Borges bekannt. In Italien wechselte der Anglist die Sprache, übersetzte Marlowe, John Donne, Joyce und Virginia Woolf und begann in einem meisterhaften Italienisch zu schreiben und zu dichten. Seine vielgestaltige schriftstellerische Arbeit hat fast alle literarischen Genres bereichert: Die italienische Lyrik verdankt dem Wahlitaliener eine ganz eigene gnomische Dichtung, einen unerhört neuen Ton in Liebeslyrik und bitter-lakonischen Aphorismen; für die Bühne schrieb er Texte, zu deren Abgründigkeit erst jetzt, über zwanzig Jahre nach seinem Tod, Zugang gefunden wurde; und zur eleganten Ironie seiner Erzählungen, seiner Sammlungen fiktiver Biographien gibt es kaum Vergleichbares. Ebenbürtig an literarischer Bildung ist ihm Giorgio Manganelli, mit dem Wilcock nicht nur eine »heitere und melancholische Bejahung der hinfälligen menschlichen Neigung zur Phantasterei« teilt, sondern auch die Weigerung, Realität zu beschreiben. »Ich glaube, ich bin in seiner Achtung sehr gestiegen«, schrieb Luigi Malerba über seine Freundschaft mit Wilcock, »als ich behauptete, der Realismus sei eines der größten Betrugsmanöver der Literatur aller Zeiten.«

Rodolfo Wilcock war ein Snob, ein Einzelgänger und Moralist. Daß seine Werke trotzdem zum

Vergnüglichsten gehören, was man auf so hohem Reflexionsniveau lesen kann, liegt an seiner ironischen Distanz zu sich selbst und zur Welt. Anders als sein missionarischer Meister, der milde apokalyptische Prophet Borges, hat Wilcock seine grenzenlose Bildung in vollkommene Schwerelosigkeit verwandelt. Das erlaubte ihm, den Gegenständen seiner Parodien und Grotesken so nahezukommen, daß der entstehende subtile Witz nicht auf den ersten Blick erkennbar ist und verführt. Zweierlei möchte dieser Witz entlarven, als Irrtum und als unverzeihliche intellektuelle Trägheit demaskieren: den Anspruch auf objektive, rationale Erkenntnis der Wirklichkeit und die Banalität des kulturellen Geschwätzes.

In der Einleitung zu seiner Übersetzung des *Wörterbuchs der Gemeinplätze* von Gustave Flaubert schreibt Wilcock: »Flaubert, wie alle ernsthaften Denker im Grunde ein Humorist, war fasziniert von der Dummheit, der wichtigsten Antriebsquelle der Moderne«, und zitiert aus einem Brief Flauberts, in dem dieser sich eine Einleitung zu seinem *Wörterbuch* wünscht, »die so geschrieben sein muß, daß der Leser nicht weiß, ob er auf den Arm genommen wird oder nicht [...]«. Mit Flaubert war für Wilcock der Raum literarischer Möglichkeiten abgeschritten. Kafka, Proust und Beckett singen vom Ende des literarischen Kontinents, vom Tod der Kunst aufgrund von Überfüllung und Sattigung. Wie Flaubert kritisiert Wilcock die seichte Kultur der Moderne, indem er ihr einen getreuen Spiegel ihrer sprachlichen Gemeinplätze vorhält. Aber Wilcock weiß, mit Karl Kraus, daß es außer Sprache, außer sprachlicher Rhetorik, gar nichts gibt. Nicht der Inhalt drängt zur adäquaten Sprache, nein, allein die Sprache macht etwas zu dem, was es ist.

Hier liegt die Verwandtschaft zwischen Wilcock und dem Wittgenstein der Oxforder *Philosophischen Untersuchungen*. Die unzähligen Sprachspiele mit ihrer jeweils monadischen Logik können nur gezeigt, nur vorgeführt, aber nicht erklärt und begründet werden, denn es gibt keine Über-Ordnung, keine verbindliche Ratio und kein mögliches Sprechen über die Sprachspiele – bei Wilcock sind das auch die verschiedenen literarischen Formen und Textsorten – von einem Standpunkt außerhalb bestimmter sprachlicher Vereinbarungen aus. Und diese bilden wiederum ein eigenes, autonomes Sprachspiel. Aus den universal gewordenen sprachlichen Gemeinplätzen kommen wir nicht mehr heraus, und der einzige Unterschied besteht im Wissen darüber. Alles andere ist Metaphysik und fällt bei Wilcock der Lächerlichkeit anheim. Gezeigt, nicht interpretiert wird in dieser

Weise übrigens auch die Wittgensteinsche Philosophie selber. Der Text über den spanischen Regisseur Riber und seine Theaterfassung der *Philosophischen Untersuchungen* aus der *Sinagoga degli Iconoclasti*, einer Sammlung fiktiver Biographien, illustriert den Sinn der Wittgensteinschen Überlegungen und wird ihm darin weit mehr gerecht als jede philosophische Interpretation.

Wilcocks Figuren sind unbeirrbare Solipsisten, Besessene. Hartnäckig verfolgen sie den einmal eingeschlagenen Weg wissenschaftlicher Erkenntnis der Wirklichkeit auch um den Preis vollkommener Entfremdung von der Welt. Die *Sinagoga* bildet eine Zusammenstellung der verschiedenen wissenschaftlichen Paradigmen des 19. und 20. Jahrhunderts: die Anbetung alles Mechanischen zum Beispiel oder das Beharren auf der vermeintlichen Logik des Geschichtsverlaufs oder das unbedingte Vertrauen zur beobachtbaren, meßbaren, mikroskopierbaren, destillierbaren Materie. Da gibt es den Erbauer des Universalen Mechanischen Philosophen, den Begründer des Historischen Metabolismus, den Psychologen, der die Menschheit in ihren ursprünglichen Zustand seliger Idiotie zurückführen möchte, den Biologen, der die Substanz der Schönheit destilliert, die Welt-Eis-Lehre, die Hohlweltlehre, den Entdecker des Mechanischen Gottesbeweises, die industrielle Romanherstellung, umgekehrte Darwinisten und Evolutionstheoretiker. Wilcock parodiert Szientismus, positivistische Wissenschaftsgläubigkeit und jede Art von fanatischem Idealismus (wie zum Beispiel die wahnsinnige Systematik des Weltverbesserers Aaron Rosenblum und seiner »Sixteenth Century Society«), indem er sie als bloße sprachliche Konventionen darstellt. Natürlich möchte Wilcock zeigen, wie ein unerbittlicher, wissenschaftlicher Rationalitätsbegriff in letzter Konsequenz zu totalem Schwachsinn führt. Aber sein Abscheu vor allem, was sich ideologisch motiviert, hält Wilcock von missionarischen, aufklärerischen und sogar nur kritischen Ansprüchen fern. Nach der Lektüre der *Sinagoga* stellt sich eine amüsierte, skeptische Distanz und zu dem ein, was gemeinhin Wirklichkeit und menschliche Verständigung über diese Wirklichkeit genannt wird.

»Die natürliche Tendenz der Dinge ist die Unordnung.« Dieses Zitat eines Naturwissenschaftlers stellte Wilcock seinem ersten Erzählband *Il caos* als Motto voran. Dieselbe elegante Ironie, mit der er realistische Situationen durch konsequente Beschreibung in die Absurdität treibt, zeichnet auch seine anarchischen Phantasien aus. Im *Stereoscopio dei solitari*, einer Sammlung liebevoller Porträts des Abseitigen, und in den Erzählungen des *Caos* läßt Wilcock sich auf die Abgründe ein, die sich unter den Rissen der dünnen, vernünftigen Oberfläche der Dinge auftun. Mal sind es winzige Inkongruenzen, die die darunterliegende monströse Unordnung ahnen lassen, mal richtiggehende Höllenfahrten in eine Welt grotesker Ungeheuer. Aber Wilcock geht es dabei nicht um den lustvollen Schrecken, den das Surreale erzeugt. Die mythologischen Figuren, die Freaks, Krüppel, Ungeheuer und die animierten Gegenstände seiner Erzählungen treten mit freundlicher Selbstverständlichkeit auf, denn sie sind nichts anderes als Illustrationen der Konventionalität der Vernunft, sie zeigen, daß jedweder Sinn und Un-Sinn nur durch sprachliche Übereinkunft entsteht. In der Erzählung *Il caos* zum Beispiel muß der gräßliche Zwerg, der die Menschheit mit Hilfe des gut organisierten Chaos der Feste, die er in seinem Schloß veranstaltet, zu der philosophischen Einsicht erziehen will, daß das Chaos die metaphysische Wahrheit des Universums ist, schließlich entdecken, daß das sogenannte »normale Leben« sich in nichts vom Totentanz seiner Veranstaltungen unterscheidet.

Wilcocks Sprache schafft durch Schlichtheit außerordentliche Transparenz. In den kühlen Darstellungen noch der aberwitzigsten und unheimlichsten Begebenheiten oder in seinen kongenialen Aufzeichnungen der Gemeinplätze des Kulturgeschwätzes bewirkt sie jene unterhaltsame, befreiende Distanz und Nachsicht, die für Wilcock die einzig angemessene Haltung einer unvorhersehbaren und unordentlichen Realität gegenüber ist: »Gefühle sind lächerlich, aber es wäre seltsam, wenn man deswegen auf sie verzichten wollte.« In den über siebzig »objets trouvés«, wie Wilcock die vielen kurzen Stücke seiner *Frau Teleprocu* nennt, einer vollends aus jedem Rahmen fallenden Enzyklopädie absurder Begebenheiten und Beschreibungen, lauert in jedem Text hinter dem sublimen Blödsinn die Trauer darüber, »daß der Mensch zufällig geboren ist und zufällig sterben wird«, wie es im *Parergon* heißt. Hier ist sogar noch die geistreiche Ironie, deren Standort in den anderen Werken leichter auszumachen ist, so geschickt in entfesselte Lust am Unerhörten und Albernen verpackt, daß der Leser endgültig »nicht mehr weiß, ob er auf den Arm genommen wird oder nicht«, wie Flaubert es wünschte.

Der Mailänder Verlag Adelphi hat die beiden besten Werke Wilcocks: *Lo stereoscopio dei solitari* und *La sinagoga degli iconoclasti* 1990 wiederaufgelegt. Ebenfalls bei

Adelphi sind erschienen: *Parsifal. I racconti del caos* (1974), *Frau Teleprocu* (1976), *Poesie* (1980).

Annette Kopetzki

Oktoberfest ohne Engel
Besuch bei Gesualdo Bufalino in Comiso

Es gibt Orte, die scheinen nur auf politischen Landkarten zu existieren. Comiso, im südlichen Sizilien, in der Provinz Ragusa, haben Zeitgenossen erst im Rahmen der Nachrüstungsdebatte Anfang der achtziger Jahre kennengelernt, als dort Cruise-Missiles stationiert wurden. Und als diese wieder abgezogen wurden, haben sie ihn vergessen.

Vermutlich wegen der Nachrüstungsdebatte kam ein Schriftsteller aus Comiso 1982 ins Programm des Berliner Wagenbach Verlages mit einem kleinen etnographisch-kulturkritischen Band: *Museum der Schatten: Geschichten aus dem alten Sizilien.* Wer ihn aufmerksam las, lernte nicht nur, daß Comiso ein über zweitausend Jahre alter Ort (rund 30000 Einwohner) ist, in dem man mehr über europäische Kultur begreifen konnte als vielfach nördlich der Alpen. Sondern man erfuhr auch, daß der Autor ein höchst talentierter Schriftsteller war: Gesualdo Bufalino.

Die Vita – geboren 1920, pensionierter Lateinlehrer – ließ eigentlich keine Höhenflüge erwarten. Und doch ist Bufalino in wenigen Jahren zu höchsten literarischen Ehren in Italien gekommen. Mehrere Preise, anerkennende Besprechungen in der Fachpresse für die ersten Romane, Essaybände, Erzählungen machten ihn zu einem Geheimtip. Dabei ist er sicher kein einfacher Autor, sondern einer, der ein fast klassizistisches Verhältnis zur Sprache hat. Sie führt den Leser über die Grenzen einer auf Effizienz und Schnelligkeit angelegten Welt hinaus. Im *Ingenieur von Babel* (Frankfurt a. M. 1989) finden sich sozusagen als Gegenstück zu Umberto Eco Geschichten wie die, die von einem Bibliothekar namens Robinsom erzählen. Robinsom möchte das Buch der Bücher schreiben, das einer Bibliothek gleicht, alle wichtigen Bücher der Welt enthält, »ob eitel oder gravierend, von Hiob bis Karl Kraus, von Nostradamus bis Paul de Kock«.

Dem entspricht ein höchst interessantes Taschenbuch, das Bufalino bereits 1982 veröffentlicht hatte: *Dizionario dei personaggi di romanzo* – ein Lexikon der Romangestalten. Einhundertelf Personen-Porträts von Don Quijote bis zum Baron Münchhausen, von Wilhelm Meister bis Oblomow, von Sherlock Holmes bis Dr. Jekyll, vom jungen Törless bis Lord Jim, von Madame Bovary bis Molly

Bloom (Mailand 1982). Dieses Buch und die ungeheure Belesenheit haben Bufalino die Bezeichnung *Cannibale di libri* eingebracht: Bücher-Kannibale – so nannte ihn Pietro Citati vor einiger Zeit im *Corriere della Sera*. Im Herbst 1991 hat dieser Bücherfresser mal wieder selbst eines ausgespuckt: *Qui pro quo* (Mailand 1991). Wer für wen? Das ist ein kriminalistisches Verwechselspiel, das zuglich den Kriminalroman theoretisiert. Wer Bufalino liest, muß sich auf Umwege gefaßt machen.

Das gilt besonders für den Roman *Le menzogne della notte* (Mailand 1988), mit dem der Schriftsteller aus der Provinz den mondänen Strega-Preis gewann – was ihn zugleich faszinierte und erschreckte. Suhrkamp hat das Buch unter dem Titel *Die Lügen der Nacht* (1991) herausgebracht.

Wie nicht anders zu erwarten, kann sich der Leser auf einen spannenden Text gefaßt machen, der einfach wie ein Krimi, rätselhaft wie ein Fragment und anspielungsreich wie ein Bildungsroman erscheint.

In der Zeit der italienischen Freiheitskriege, des Risorgimento, verbringen vier Häftlinge in einem bourbonischen Gefängnis auf einer Insel die letzte Nacht vor ihrer Hinrichtung. Dieser könnten sie nur entgehen, wenn einer von ihnen am Morgen des Hinrichtungstages den Namen des Anführers der Freischärler, des »Gottvaters«, verrät. Mit ihnen sitzt ein bekannter Bandit ein, der nach seiner Mönchsverkleidung »Frater Cirillo« gerufen wird. Um sich die Zeit bis zur Stunde der Wahrheit zu vertreiben, erzählen sich die fünf Geschichten aus ihrem Leben: »Ein jeder erzähle von sich. Zum Beispiel, wann und wie er einmal, an einem Wendepunkt seines Daseins, glücklich war oder sich für glücklich hielt oder von einem anderen glücklich gewähnt wurde. Und welches Bild aus seinen vergeudeten Tagen er auswählt, um es sich unter die Lider zu heften, wenn man seinen Hals durch die runde Öffnung stecken und die kalte dünne Klinge ihn herabstürzend abschlachten wird.«

Diese Geschichten, diese »Lügen der Nacht« sollen der »würdige Epilog« des Lebens sein – auch wenn, wie Cirillo sagt, vom Geschichtenerzählen kaum Gutes komme. So ist zwar kein sizilianisches Dekameron entstanden, aber doch ein ironischer Kommentar zu Boccaccio wie zu traditionellen Erzählstrukturen.

In weiser Weltsicht sieht sich der Autor auf der Seite von Freiheitskämpfern – und beschreibt gleichzeitig distanziert die trivialen Beweggründe, die jeden einzelnen von ihnen mit der »Sache« verbinden. In diesen einzelnen Geschichten von Glück, Liebe und Moral entfaltet Bufalino den sprachgewaltigen Fächer seines »Realismus«, der zu Recht »magisch« genannt wird und dessen Vorbilder sowohl in der lateinamerikanischen Literatur (Borges), der französischen (Baudelaire), aber auch in der sizilianischen (Brancati) zu finden sind. Schreibend hat sich dieser Gesualdo Bufalino nicht etwa von seiner an der europäischen Peripherie liegenden Heimat entfernt, sondern er hat uns gezwungen, sich mit ihr zu beschäftigen. Zumal die kulturellen Zentren schon lange mehr mit ihrem eigenen Betrieb als mit der Herstellung großer Werke befaßt sind. Der Autor scheut diesen Betrieb, auch wenn er ihn nicht ganz umgehen kann. »Ich habe das Buch in Catania vorgestellt, damals war Sciascia noch dabei. Da habe ich diese Atmosphäre der sich zusammendrängenden Menge erlebt, die um Autogramme bittet, Widmungen wünscht, den Kontakt mit einem Namen, nicht mit einer Persönlichkeit sucht. Zu einem Viertel fühlte ich mich geschmeichelt, aber zu drei Viertel ermüdet, fast möchte ich sagen angeödet.«

Solche Treffen und Kontakte mit dem Publikum erscheinen Bufalino eher frivol. Er sieht sich in die Nähe eines Schlagerstars gerückt. »Nichts gegen den Star, aber ich glaube, daß ein Schriftsteller ohne Gesicht und ohne Stimme sein soll.« Und im gleichen Augenblick blitzen seine Augen hinter der dicken, dick umrandeten Brille auf: »Manchmal muß ich mir selbst widersprechen, und ich denke an euren Kafka. Wenn es die Fotografien von Kafka nicht gäbe, fehlte etwas von seiner Persönlichkeit, denn auch sein Gesicht ist in einem gewissen Sinne sein Werk.« Ein Gesicht, das man nicht mit einem beliebigen vergleichen könne, »ein Engelsgesicht, wie es sonst vielleicht nur noch Rimbaud gehabt hat«. Und weil Engel relativ selten sind, jedenfalls in der Literatur, »ziehe ich das puritanische Konzept der Reinheit, diese Art intellektuellen Calvinismus, jedem Oktoberfest des Literaturbetriebs vor«.

Spät ist Bufalino zum Schreiben gekommen, wie er erzählt. Überzeugt hatte ihn schließlich sein alter, vor drei Jahren verstorbener Freund Leonardo Sciascia, der als Berater des Sellerio-Verlages auch 1980 den Klappentext für seinen Erstling *Diseria dell'untore* verfaßte (auf deutsch bei Suhrkamp 1990 unter dem Titel *Das Pesthaus*).

Daran, daß es sich um einen berühmten Mann handelt, hat man im Ort, haben die Comisaner nie Zweifel gehabt. Dafür hat es allerdings gar nicht den Erfolg als Schriftsteller gebraucht. Wenn der hochgewachsene, inzwischen über Siebzigjährige mit der obligaten Tuchmütze (um seinen kahlen Intellektuellenschädel vor der brennenden Sonne zu schützen) leicht gebeugt durch Comiso geht, grüßen die Leute ihn ehrfurchtsvoll »professore«. Sie kennen ihn als Lehrer, in jeder Familie ist mindestens einer, der bei ihm Italienisch und Latein gelernt hat. Zudem hat er die Stadtbibliothek aufgebaut, die er stolz seinem Besucher vorführt.

Doch gleichzeitig bedrohen Wolken die literarische Idylle: »Es kann sein, daß der traditionelle Leser nicht lange überleben wird. Die Angebote der Massenmedien, Fernsehen, Video, Kino und selbst die Politik, die zum Spektakel geworden ist, lassen kaum noch Raum für die Muße, die man zum Lesen braucht.« Wer sich jetzt aber ein typisch sizilianisches Lehrstück in Sachen »Realismus gleich Pessimismus« erwartet, wie wir es oft von seinem Freund und Förderer Sciascia gehört haben, wie Verga oder Lampedusa es gelebt und geschrieben haben, der wird positiv enttäuscht: »Auch über die aktuelle Krise in der Literatur wird die Menschheit Erinnerung und Hoffnung brauchen. Und Schreiben ist genau dies: Erinnerung vermitteln und Hoffnung wekken.«

Ganz kann er allerdings den abgelegten Lehrerberuf nicht verleugnen: »Das ist, grammatikalisch gesprochen, wie Indikativ und Konjunktiv.«

Henning Klüver

Italienische Lyrik auf dem Lyrikertreffen in Münster

»Der Lyriker«, so sagte es einmal Peter Huchel, »lebt immer am Rande der Gesellschaft.« Deshalb ist das geringe Interesse, das dem seit nunmehr sieben Jahren traditionellen *Lyrikertreffen* in Münster entgegengebracht wird, zwar bedauerlich, aber auch nicht unverständlich. Erfordert es doch ein in diesen lauten Zeiten ungewöhnlich hohes Maß an Zuhören-Können, vier Tage lang an Lyrik-Lesungen teilzunehmen. Unterbrochen werden die Rezitationen nur von Symposien, auf denen aber auch wieder ausschließlich über Lyrik gesprochen wird. Vier Tage, an denen nichts zählt als die Würde der Poesie und der Wörter.

In diesem Jahr hatten die Veranstalter, die Stadt Münster und die *Annette-von-Droste-Gesellschaft* ihren Schwerpunkt auf die neuere osteuropäische und italienische Lyrik gelegt. Zwischen diesen Regionen Zusammenhänge herzustellen, wäre allzu gewagt. Aber die so ganz unterschiedlichen Realitäten reizen doch zu einem Vergleich. Dort mußte die Lyrik in den vergangenen Jahrzehnten oft gegen Gefängnismauern pochen, hier ist sie in dem Lärm der elektronischen Massenmedien heute kaum noch vernehmbar. Dort war sie bis zu den großen revolutionären Umwälzungen eine Stimme der Opposition, hier geht sie unter in einem Meer von Beliebigkeit. »Die Italiensehnsucht deutscher Dichter und vieler anderer Gruppen«, schrieben die Organisatoren des Treffens in die Einladung, »hat eine über zweihundertjährige Tradition. Trotz etlicher Anstrengungen von Vermittlern und Verlagen in den letzten Jahren, auch die italienische Gegenwartslyrik nach Deutschland zu vermitteln [...] hat es die Generation der Dichter nach Ungaretti und Montale schwer gehabt, hier Fuß zu fassen. Auch das *Lyrikertreffen* kann dabei kaum mehr als eine Anregung für die Zukunft sein.«

Im Rahmen des Symposiums »Aspekte der italienischen Gegenwartslyrik« sprach zuerst Manfred Lentzen von der Universität Münster über das Werk Giuseppe Ungarettis, das auf die zeitgenössische italienische Lyrik einen kaum zu überschätzenden Einfluß gehabt hat. Stefano Agosti (Università Venedig) entwickelte mit Bezug auf philosophische Arbeiten von Jacques Lacan, Jacques Derrida und Julia Kristeva einen eigenen interpretatorischen Ansatz zum Verständnis der aktuellen italienischen Lyrik. Das große Verdienst Agostis war es, dem Publikum Lyriker vorgestellt zu haben, die im deutschsprachigen Raum bisher kaum bekannt waren (Amelia Rosselli, Cesare Greppi, Marica Larocchi, Cesare Viviani etc.). Auf vorsichtige Kritik anwesender Schrifsteller stieß aber Agostis allzu theoretischer Zugang zur modernen Lyrik. Heinz Thoma (Universität Osnabrück) führte in das Werk von Valerio Magrelli ein, der auch selbst auf dem *Lyrikertreffen* anwesend war. Magrelli hat während des »historischen« Jahres 1989 eine Deutschlandreise unternommen, die ihn zu einem eigenen Gedichtzyklus inspiriert hat (*Winterreise*). Drei Gedichte aus dieser Sammlung (»Porta Westfalica«, »Helgoland« und »Trabant«) las Magrelli in Münster zum erstenmal vor einem deutschen Publikum. Als Übersetzerin fungierte hier Paola Barbon.

Neben Magrelli waren noch Luciano Erba und Nanni Cagnone anwesend. Ihre Gedichte wurden übersetzt von Werner Schabouk und Elisabetta Ruggerini. Erba und Cagnone sind dem interessierten deutschsprachigen Publikum zum erstenmal in *Zibaldone* (Heft 7) vorgestellt worden.

Leider hatten die Organisatoren die Möglichkeit für eine ausführliche öffentliche Diskussion über die Referate und die vorgetragenen Gedichte sehr eingeschränkt. So blieb es bis auf wenige Ausnahmen nur bei der passiven Rezeption durch die Zuhörer.

Überhaupt ist kritisch anzumerken, daß das hohe Niveau des *Lyrikertreffens* in keinem Verhältnis zu seiner überaus bescheide-

nen öffentlichen Präsentation stand. In einer mit Münster vergleichbaren italienischen Stadt wäre ein solches literarisches Ereignis sicherlich als ein ungleich größeres Spektakel organisiert worden. Wie sich die Lyrik in einer Stadt wie Mailand ihre öffentlichen Räume »zurückerobert«, hat Luciano Erba in seinem Beitrag »Mailand oder die langwierige Genesung der Poesie« (s. *Zibaldone*, Heft 7, S. 49ff.) beschrieben: »Die Zahl solcher (poetischer Veranstaltungen) hat [...] zugenommen, und die Tendenz ist weiter steigend. Von den Plätzen und Gassen der Altstadt ist man dann übergegangen zu solch erlesenen Orten wie Innenhöfen in Adelspalästen, leeren Markthallen und verlassenen Friedhöfen, säkularisierten Kirchen, den Dämmen der Navigli.« Von diesen italienischen Erfahrungen im öffentlichen Umgang mit der Poesie ist in Deutschland noch viel zu lernen. Daß hier kein vergleichbares Interesse an Literatur – und Lyrik im besonderen – bestehe, ist zunächst einmal nicht mehr als eine unbewiesene Begründung ängstlicher Zurückhaltung oder Untätigkeit.

Carl-Wilhelm Macke

S.O.S. für Boboli
Initiativen in Florenz zur Rettung des »Freilichtmuseums der Skulptur«

Florenz: An den Ufern des Arno stand die Wiege des *giardino all'italiana*, im Herzland des Humanismus erreichte die Gartenbaukunst der Renaissance und des Manierismus ihren Kulminationspunkt. An den toskanischen Vorbildern – den nach dem Willen der Herrscher aus dem Hause Medici entstandenen Parkanlagen von Pratolino, Castello, Boboli – orientierten sich die von Europas Souveränen beauftragten Gartenarchitekten.

Die Idee des Parkes von Boboli, einem der herausragendsten *giardini all'italiana*, geht auf Eleonora di Toledo zurück. Die Tochter des spanischen Vizekönigs von Neapel und Gemahlin Cosimos I. de' Medici, des ersten Herzogs von Florenz und späteren Großherzogs der Toskana, erwarb 1549 den ein Jahrhundert zuvor für Luca Pitti begonnenen und mangels Geldmittel unfertig gebliebenen Palazzo Pitti. Unverzüglich ging sie – das Doppelporträt Bronzinos in den Uffizien stellt sie mit ihrem Sohn Giovanni dar – an die Realisierung ihrer »Reggia«-Träume und trieb die Vollendung des Palazzo Pitti voran. Der Architekt Tribolo, von ihr 1550 mit der Gartenanlage auf dem Areal des hinter dem Palast zum Forte Belvedere anwachsenen Boboli-Hügels betraut, starb noch im gleichen Jahr, ihm (und teilweise seinen Plänen) folgten Bartolomeo Ammannati und Bernardo Buontalenti. Der grandiose Komplex mit dem Amphitheater, den Grotten und Brunnenanlagen, der Zypressenallee Viottolone und dem »Isolotto«, dessen Seeinsel der *Ozean* des Franzosen Giambologna beherrscht, wurde im Verlauf des 17. Jahrhunderts vollendet. Spätere Zutaten sind u. a. das Casino del Cavaliere – heute beherbergt es ein Porzellanmuseum – und das »Kaffeehaus« der Wien-nostalgischen Habsburger, von dem aus sich ein spektakuläres Panorama über Florenz und Fiesole präsentiert.

Von Florentinern mit wenig Sinn fürs Understatement schlichtweg zum »parco più bello del mondo« gekürt, ist der Boboli-Garten doch ein Paradebeispiel einer Gartenschöpfung *all'italiana*. Hier wächst, so will es die den »bambini di Firenze« vertraute Fabel, die »erbavoglia«, ein Kraut, das jeden Wunsch in Erfüllung gehen läßt. Erst seit etwas mehr als 150 Jahren hat der »popolano fiorentino« Zutritt zum bis dato privaten Lustgarten seines Landesvaters und kann sich ergo auch auf die – bislang allerdings wohl erfolglose – Suche nach dem begehrten Grüngewächs begeben: 1830 öffneten die Großherzöge von Toskana aus dem Hause Habsburg-Lothringen einen Teil des Parkes dem Publikum. Seitdem sind die Giardini di Boboli beliebtestes Ziel der Flanierlust der Florentiner. Später lockten auch öffentliche Spektakel – der Hof hatte sich bereits seit 1618 mit Aufführungen *all'aperto* im Amphitheater des Parkes amüsiert. So dirigierte Mascagni 1906 Eigenkompositionen in einem Benefizkonzert, dessen Erlös die Misere italienischer Emigranten lindern helfen sollte. Am 31. Mai 1933 schlug im Boboli-Garten mit einer Max-Reinhardt-Inszenierung des Sommernachtstraums die Geburtsstunde des *Maggio Musicale Fiorentino*, des »musikalischen Mai«, der in Florenz länger – bis in den Juli – andauert als irgendwo sonst: eine aus dem Kulturleben der Arnostadt nicht mehr fortzudenkende Institution, die Florenz alljährlich in ein Mekka der Liebhaber von Musik, Theater und Ballett verwandelt. Konzerte und Schauspiele im Boboli sind natürlich ein besonderer Leckerbissen. Ohne Übertreibung ist der Giardino di Boboli das wichtigste »Freilichtmuseum der Skulptur« nicht allein auf italienischem Boden. Der Bildhauer Adolf von Hildebrand geriet 1867 ins Schwärmen:

»Wir gingen dann in den Garten, wo der reiche Frühling war, alles grün, warm; auch dies Gefühl hatte ich zu ertragen. Es war des Glücks zuviel. Es sind in dem

Garten zwischen den Olivenbäumen, den Orangen und Zypressen circa 500 antike und spätere Statuen, Brunnen, alles schwelgt da nur.«

In seiner Euphorie hat Hildebrand etwas zu hoch gestapelt, aber immerhin: 200 Plastiken bevölkern und schmücken den Park, allein 80 sind römischer Provenienz und zumeist Kopien griechischer Originale, das Gros der restlichen Meisterwerke der im Cinquecento und Seicento in den Diensten der Medici tätigen Bildhauer.

1583 bis 1588 arbeitete der geniale Buontalenti – nomen est omen – an der Grotte, die seinen Namen trägt und genaugenommen eine Abfolge dreier Höhlen ist. Vier unvollendet gebliebene *Sklaven* Michelangelos wurden – Geschenk seines Neffen Lionardo Buonarroti an Cosimo I. – von Buontalenti als Träger des Rustikagewölbes in die mit Meeresgetier reich verzierte Grottenarchitektur integriert. Vom Künstler als Schmuck des Grabmonumentes für Papst Julius II. in der römischen Kirche San Pietro in Vincoli konzipiert, zeugen sie von der »Tragödie des Juliusgrabes«, aus der Michelangelo viel Leid erfuhr. Die Marmororiginale sind 1909 in die Academia überführt und durch Gipsabdrücke ersetzt worden. Giambolognas *Venus*, die in der letzten Höhlenkammer mit großer Nonchalance die lüsternen Avancen der Satyre erträgt, die das Wasserbecken stemmen, in dem sie ihre Marmorreize spiegelt, wachte bis zu seinem Tod 1587 über den Schlaf Francescos I. in seiner Privatkemenate. Ein Aquarium filtrierte einst die durch einen Lichtschacht einfallende Helligkeit. In konstanter Bewegung inszenierten seine Fische ein Licht- und Schattenspiel, das Besuchern die Illusion einer magisch-geheimnisvollen Unterwasserwelt zu suggerieren vermochte. Persönlichkeiten des Mediceer-Hofes sind in den steinernen Bewohnern des Parks verewigt. Der bekannteste unter ihnen ist zweifelsfrei der *Bacchus* des Valerio Cioli (1560): Morgante, der Hofzwerg Cosimos, reitet in stattlicher Leibesfülle auf dem Panzer einer Schildkröte. Der Gestalt der *Abbondanza* verlieh die erste Gemahlin Francescos I., Johanna von Österreich, eine illegitime Tochter Kaiser Karls V., ihre Züge. Die unvollendete Porträtskulptur travestierten Tacca und Salvini im 17. Jahrhundert, die unentbehrlichen Attribute Füllhorn und Getreideähren zeigen eine Allegorie des Überflusses: Metamorphose der Johanna zur mythologischen Gestalt.

Angesichts der meist gewaltigen Dimensionen des Statuendekors erstaunt die Mobilität, mit der je nach Zeit- oder Individualgeschmack einzelne Figuren wie im Schach, dem Spiel der Könige, hin und her geschoben wurden: Giambolognas gewaltiger *Ozean* gleich dreimal! Andere Statuen, etwa Donatis *Perseus zu Pferd* (ca. 1576), überführte man aus der Medici-Villa Pratolino nach Boboli. Oder Ammannatis *Juno*: eigentlich für den Palazzo Vecchio bestimmt, erfreute sie sich nur eines Gastspieles in Boboli, um dann ihre Odyssee nach weiteren Stationen im Hof des Bargello zu beenden.

Versiegt sind zumeist die Quellen für die Wasserspiele, die Automaten und Standbilder in Bewegung setzten, Musikinstrumente erklingen ließen, arglose Besucher bei Gartenparties mit Duschen erfrischten oder erschreckten. An originellen Einfällen mangelte es den Medici-Herren und ihren Künstlern nicht, wie auch die Villa Pratolino mit ihrem »Garten der Wunder« bewies. Erhalten (und kürzlich gründlich restauriert) ist lediglich der überdimensionale *Apennin*, eine Allegorie des den italienischen Stiefel durchschneidenden Gebirgszuges. Pratolino gehört neben dem Parco dei mostri in Latium zu den bedeutendsten und skurrilsten Kreationen manieristischer Phantasmagorien. Dem Hamburger Kunsthistoriker Horst Bredekamp ist in seinem hervorragenden Werk *Virginio Orsini und der Heilige Wald von Bomarzo: Ein Fürst als Künstler und Anarchist* 1985 die Deutung vieler Mysterien des *Sacro Bosco di Bomarzo* geglückt. Im Boboli-Garten haben dagegen noch längst nicht alle Steine gesprochen, liegen häufig Provenienz, Sinn und Bedeutung noch im dunkeln. Eine voluminöse Monographie über Boboli ist in Planung, eine der Botschaften, die von einem internationalen und interdisziplinären Kongreß (Florenz, 9.–11.3.1983) ausgingen. In ihren Beiträgen diskutierten namhafte Kunst-, Architektur- und Theaterhistoriker, Archäologen, Botaniker und Naturwissenschaftler über den Park, seine Geschichte und seinen *degrado*, verwiesen auf die Gefahren, denen er durch den täglichen Besucherstrom und die kontinuierlich aggressivere Umweltbelastung ausgesetzt ist, zeigten Wege und Möglichkeiten zur Rettung und Restrukturierung des 45000 Quadratmeter umspannenden Areals. So setzt sich »Boboli 90« – an der Spitze des Wissenschaftskomitees Professor Detlef Heikamp, Ordinarius für Kunstgeschichte an der TU Berlin – für die möglichst umgehende Überführung (nach sorgfältiger Restaurierung) des plastischen Gartenschmucks in ein neu einzurichtendes »Museo del giardino di Boboli« und den Ersatz durch Kopien ein. Seine Heimstatt ist bereits gefunden: Die Säle der Pagliere, ehemaliger Stallungen nahe der Porta Romana, bieten sich als hierfür sehr geeignet an. Die »Atti del Convegno« vom März 1989 sind im Herbst 1991 bei Pacini Editore, Florenz erschienen. Das Verlagshaus widmet sich primär den historischen Gärten der Toskana – in der Reihe publiziert wurden bereits die Monographien über die Orti Oricellari und den Giardino Fabbricotti.

Zu historischen Recherchen werden sich archäologische Grabungskampagnen hinzugesellen mit dem Ziel, Fundamente untergegangener Gebäude, etwa der »serragli«, Käfigen mit einst exotischer Fauna und Flora, oder das originale Dekorationspflaster aufzuspüren, die im Park während der Regierung Cosimos II. (1609–1621) angelegten Glasbläsereien aufzufinden.

»Boboli 90« versteht sich schließlich auch als Projektprogramm zur Erforschung weiterer Park- und Gartenanlagen, über die Italiens reiches und teilweise über Gebühr vernachlässigtes kulturelles Erbe verfügt. Die Weichen sind gestellt, damit aus Boboli kein »totgesagter Park« wird und auch seine wichtige Funktion als Grünzone innerhalb der Stadtmauern erhalten bleibt.

Günter Schwabe

Rezensionen

Irmela Arnsperger / Albarosa Catelan / Bernd Mayer / Maria Vittoria Stiller / Gabriele Walter (Hg.), *Arlecchino. Jahrbuch für italienische Literatur Nr. 1*, Stuttgart 1991

»Im Gegensatz zu den Literaturen Nordamerikas, Englands, Frankreichs, Lateinamerikas und Spaniens, die mit beständiger Aufmerksamkeit in deutschen Landen rechnen konnten, hat es die italienische Literatur bis heute nicht geschafft, bei deutschen Lesern, Verlagen und Rezensenten eine kontinuierliche Aufnahme zu finden.« Wer unter den Liebhabern italienischer Literatur könnte diesem Lamento in dem Editorial dieses *Jahrbuches* nicht zustimmen? Zuzustimmen ist auch der Klage der Herausgeber, daß nach der »Eco-Welle« die »meisten Verlage ihre Spähschiffe wieder in andere, fündigere Literatur-Mode-Gewässer« geschickt haben. »Gestrandet war wieder einmal der Versuch, die italienische Literatur in Deutschland endgültig zu etablieren« (aus dem Editorial). Natürlich stimmt das alles, was hier beklagt wird, nur gar so trist ist die Rezeption italienischer Literatur in deutschsprachigen Landen nun auch wieder nicht. An die Berichterstattung über die Kulturszene Italiens in den großen Medien ist hier ebenso zu denken wie an die kleinen Zeitschriften und Periodika, die seit Jahren fern aller Moden kontinuierlich die *affari italiani*, die italienischen Angelegenheiten, den deutschsprachigen Interessenten nahebringen. Nicht zu vergessen sind auch die Verlage – wie etwa auch der dieses *Jahrbuchs*, der junge ComMedia & Arte Verlag in Stuttgart –, die sich große Verdienste um die Verbreitung italienischer Literatur bei uns erworben haben.

So ganz ernst kann und soll man also den Klageton der Herausgeber von *Arlecchino* nicht nehmen. Man wende sich statt dessen lieber dem Inhalt des Bandes zu. Es lohnt sich. Findet sich hier doch eine wirklich illustre Schar italienischer Autorinnen und Autoren. Wir nennen an dieser Stelle nur Primo Levi, Carlo Emilio Gadda, Federigo Tozzi oder Grazia Deledda und von den noch lebenden Autoren Rosetta Loy, Fabrizia Ramondino, Antonio Tabbuchi. Von wenigen Ausnahmen abgesehen (Alain Elkann, Giorgio Celli, Giuseppe Bonaviri) sind die Namen der Autorinnen und Autoren im deutschsprachigen Raum nicht gänzlich unbekannt. Von allen haben die Herausgeber Erzählungen oder kleine Kostproben aus größeren Werken zusammengestellt.

Das alles ist lobenswert, doch man fragt sich, was denn nun diese Anthologie zu einem *Jahrbuch* macht. Die Mehrzahl der Beiträge sind bereits bei verschiedenen deutschsprachigen Verlagen erschienen. Carlo Emilio Gaddas Rezeptur für ein »Urväterrisotto« ist wunderbar – nur wundert sich der geneigte Leser, wieso dieser schon mehrfach in Publikationen des Wagenbach-Verlages erschienene Text hier ein weiteres Mal erscheinen muß. Erwartet man von einem Jahrbuch nicht mehr, zum Beispiel eine gewisse Aktualität (Literaturpreise, Neuerscheinungen, Editionsankündigungen italienischer Verlage etc.) oder auch mehr Essays *über* die italienische Literatur?

Ein Jahrbuch für italienische Literatur hätte auf dem deutschsprachigen Buchmarkt durchaus seinen Platz. Anthologien italienischer Erzähler jedoch gibt es bereits wie Sand an der Adria.

Carl-Wilhelm Macke

Salvatore A. Sanna, *Feste.* Gedichte Italienisch–Deutsch, Übertragung und Nachwort von Gerhard Goebel-Schilling, Verlag v. Hase & Koehler, München/Mainz 1991

Umfangreich ist dieser Gedichtband nicht. Dreiundneunzig Seiten, viele davon nur mit wenigen Zeilen bedruckt, dazu noch die Gegenüberstellung von italienischem Originaltext und deutscher Übersetzung, sind schnell zu lesen. Doch der Schein trügt. Lyrik schreiben und lesen ist immer auch ein widerständiger Akt gegen Flüchtigkeit und Ungeduld. Die Lektüre, die Aufnahme von Gedichten, verlangt viel Zeit.

Erinnerung und Hoffnung, Abschied und Erwartung, Melancholie und zaghafte Heiterkeit, von ferne auch ein ganz zarter Windhauch beginnenden Alters sind in die Lyrik von Salvatore A. Sanna eingewoben. Es sind besonders die kürzeren, nur wenige Worte umfassenden Gedichte, die im Kopf der Leser lange nachhallen. »Non è il senso/ che lascia tracce/ ma il segno/ e per capirlo/ occorre spesso/tutta una vita// [Nicht der Sinn/ hinterläßt Spuren/ sondern das Zeichen/ und um es zu verstehen/ bedarf's oft/ eines ganzen Lebens]«

Salvatore A. Sanna, gebürtiger Sarde, aber seit vielen Jahren in Frankfurt lebend und dort als Lektor an der Universität und Mitherausgeber der Zeitschrift *Italienisch* tätig, ist als Lyriker bisher nur einem kleinen Kreis bekannt gewesen. Zwar liegen bereits Gedichtbände vor (*Fünfzehn Jahre Augenblicke*, 1978; *Wacholderblüten*, 1984, und *Löwen-Maul*, 1988), aber größere Aufmerksamkeit wurde seinem lyrischen Schaffen bislang nicht entgegengebracht. Vielleicht, hoffentlich wird dies mit dem vorliegenden, vom Verlag mit großer Sorgfalt und Sinn für das ästhetische Detail gestalteten Band anders. Allein der Einband mit der Zeichnung von Achille Perille ist bereits eine Augenweide!

In einigen der Gedichte kommen von weit her die Wellen der Erinnerung an die Kindheit des Autors: »Vola con le tue/ ali oltre il mare donde/ venisti. (Schwing dich auf und/ flieg weit übers Meer dorthin von wo du kamst)« Sanna zeichnet auch mit dem feinen Federstrich der Poesie Umrisse italienischer Orte wie Positano: »Con le pupille arse/ gli occhi delle case/ guardano in attesa/ sul vallone/ che ripido conduce/ al mare [Mit ausgebrannten Pupillen / blicken die Häuser/ wartend/ ins Tal/ das steil abfällt/ zum Meer]« Montepulciano, Parma, Venedig, Pisa sind die Namen anderer Orte, denen wir in Sannas Gedichten begegnen.

Wie sehr sich der Autor inzwischen in den Bedeutungshöfen sowohl italienischer wie auch deutscher Wörter auskennt, zeigt die Wahl des Titels der Gedichtesammlung. *Feste*, das können im Italienischen wie im Deutschen die Gelegenheiten eines feierlichen, freudigen Zusammenseins von Menschen sein, aber auch jene großen, gegenüber der feindlichen Welt trutzig abgeschlossenen mittelalterlichen Festungen. Das Sprechen und das Schweigen, das Sich-Öffnen und das Sich-Schließen gegenüber der Welt ist in dieser stillen Dichtung ein wiederkehrendes Motiv.

Die Übersetzung von Gerhard Goebel-Schilling verdient Lob. Nur selten findet man Stellen, wo die deutsche Übersetzung nicht ganz dem Wortsinn des Originals angemessen scheint. Für »dolcemente« etwa ließen sich auch im deutschen Sprachschatz Worte finden, bei denen der italienische Wortsinn besser aufgehoben wäre als in dem kurz gesprochenen, melodielosen »sacht«. Aber diese Anmerkung ist nur peripher und soll das Verdienst der kenntnisreichen und gelungenen Übersetzung nicht schmälern.

Carl-Wilhelm Macke

Alberto Savinio, *Tutta la vita*. Aus dem Italienischen von Joachim A. Frank, Suhrkamp, Frankfurt a. M. 1991

Versteckt in einer seiner Erzählungen, finden wir das Motto, die Essenz der Literatur des Alberto Savinio. »Denn die Menschen«, schreibt er in der Erzählung »Der Sessel der Liebe«, »erliegen wohl den gröbsten physischen Eindrükken, sind aber noch zu plump, um auf das zu achten, was an Feinerem und Unbeschreiblichem unser Leben umgibt. Sie verstehen es nicht, auf die Stimme der Dinge zu achten, die sie in ihrer Unwissenheit für stumm halten, sie können nicht die Landschaften sehen, welche die Luft bevölkern, die sie in ihrer derben Gleichgültigkeit für leer halten, und mit dicken Köpfen, die nicht begreifen, und verschleierten Augen, die nicht sehen, bewegen sie sich ahnungslos inmitten von Geheimnissen.«

Alberto Savinio, der 1891 in Athen geborene Bruder des bei uns vielleicht bekannteren Malers Andrea De Chirico, ist ein Entdecker von Geheimnissen des Alltags. Ihm reicht die Welt nicht, die wir sehen. Es gibt in und hinter den Dingen immer noch etwas anderes, Verwunschenes, Träumendes, das es zu entziffern, zu lesen gilt. Die Schatten erzählen mehr als das Licht, die Nacht ist lebendiger als der Tag, Steine können redselig sein, Statuen sich bewegen. Literatur, die Sinne befreiende, lehrende, gute Literatur erstickt im Gefängnis des herrschenden Konsens, der Alltagsübereinkünfte. Was wir sehen, ist nicht alles. Hier beginnt die Literatur, beginnt das Schreiben des Alberto Savinio.

Langsam, Tropfen gleich, sikkert das Werk von Savinio, einem der »großen italienischen Außenseiter« (François Bondy), auch in unsere Aufmerksamkeit. Seine *Neue Enzyklopädie* erschien in deutscher Sprache zum erstenmal 1986. *Maupassant und andere* liegt seit gut vier Jahren übersetzt vor. *Unsere Seele / Signor Münster* wurde 1988 publiziert. Die wunderbare Entdeckungsreise durch das alte Mailand, *Stadt, ich lausche Deinem Herzen*, erschien 1989.

Von den seit langem bei Suhrkamp angekündigten weiteren Werken Savinios liegt als neueste Publikation der von Joachim A. Frank übersetzte Band mit Erzählungen *Tutta la vita [Das ganze Leben]* vor. Savinio ist kein Erzähler, geschweige denn Romancier mit langem Atem. Er liebt Kurzerzählungen, Abschweifungen, Grillen, die kleinen Entdeckungen in und jenseits der Normalität. Wo immer er auch hinblickt, auf Steinsäulen, Mobiliar, Schaufenster, Bahnhofsglocken, beginnt sofort das Leben, werden Phantasien gezündet. In einer der Erzählungen hören wir den Geschichten eines karmesinroten Sessels zu: »Seit zehn Jahren kam die arme Signora Teresa allein in den Salon, sie setzte sich auf mich, versank, lange schweigend, in ihre Erinnerungen. Wie oft war ich versucht, mich ihr zu enthüllen und ihr zu sagen, daß ich an ihrem Schmerz teilnahm, aber die Menschen dürfen nie erfahren, daß wir Möbel sie sehen und beurteilen.« Im »Haus der Dummheit« beschließen zwei steinerne Riesen, die seit Jahrzehnten einen Balkon auf ihren Schultern tragen, aus Überdruß ihren Standort zu verlassen: »Vor einer halben Stunde, Schlag Mitternacht, waren es fünfzig Jahre, daß ich und mein

Gefährte zur Linken Tag und Nacht diesen Balkon tragen. Es ist unsere Pflicht, aber ich bin der Pflicht überdrüssig und habe beschlossen, mich ihrer zu entledigen.«

Savinio hebt die Welt, so wie wir sie kennen, mit Leichtigkeit aus den Angeln. Die Realität ist nicht das ganze Leben. Erst wenn wir auch die »toten Dinge« zu lesen verstehen, ihren Erzählungen zuhören können, wissen wir vielleicht, was das ist, »tutta la vita«, das ganze Leben.

Nur ein Bruchteil des umfangreichen Gesamtwerks Alberto Savinios ist bislang ins Deutsche übersetzt worden. Vieles erwartet uns noch. Ein Grund, sich zu freuen. *Das ganze Leben* macht neugierig auf andere, noch nicht übersetzte Bücher Savinios und reizt, die bereits vorliegenden endlich zur Kenntnis zu nehmen.

Carl-Wilhelm Macke

Alain Elkann/Alberto Moravia, *Vita di Moravia. Ein Leben im Gespräch*, Beck & Glückler, Freiburg 1991

In diesem kurz vor seinem Tode gewährten langen Interview läßt der bis dahin eher wenig auskunftsfreudige Alberto Moravia das »Leben eines Bürgerkindes« Revue passieren. Der Band hat einen Bildteil, der Lebensstationen, Freundschaften, Literaturpreise, Reisen und politische Aktivitäten dokumentiert und so im Ausschnitt ein Panorama unseres Jahrhunderts entwirft, damit den Leser auch optisch auf seine Kosten kommen läßt. Speziell für das deutsche Publikum wurden dem Band dankenswerterweise ein »kulturelles Glossar«, eine Zeittafel, eine Auswahlbibliographie zu Primärliteratur (auch Übersetzungen), Sekundärliteratur und Filmen hinzugefügt. Das Personenregister ist gegenüber der italienischen Ausgabe (Bompiani 1990) leicht entschlackt. Man vermißt unter den wichtigen Titeln lediglich die kritisch gehaltene Einführung R. Tessaris *(Alberto Moravia*, Le Monnier, 4. Aufl. 1985), die auch eine Anthologie der Kritik zu Moravia bietet.

Die für Moravia existentiellen Befunde wie die Krankheit in der Jugend und die immer Zeitgeschichte und Politik überlagernden Liebesbeziehungen und Liebesaffären sind breit dimensioniert. Die Selbstinterpretation seines Werkes und seine Freundschaften zu Kollegen und Künstlern sind weitere große Themenkreise. Den letzten inhaltlichen Bezirk bilden die Reisen und Interviews mit den Großen seiner Zeit, die ihn als Journalisten zeigen, der mehr pro domo als für den Auftraggeber arbeitet: mit sparsam ausgestellter Eitelkeit und viel Kulturdiagnose bzw.

einer Moralistik, welche auch Untiefen nicht scheut. Der Band entfaltet sich chronologisch. Der Gesprächsduktus verhindert durch Rück- und Vorgriffe Monotonie.

Über die wesentlichen Sachverhalte zu Leben und Werk war man für die Zeit bis 1960 schon durch eine Autobiografia in breve knapp informiert. Nun kommt doch einiges an Zeitkolorit und psychologischer Feindeutung hinzu. Der blaue Matrosenanzug aus den Galéries Lafayette, mit dem der Zehnjährige in die Sommerfrische fährt, wo die Dorfkinder an Typhus sterben. Der Besuch einer italienisch-englischen Schule vor dem Sanatoriumsaufenthalt. Das Porträt des Vaters: konservativ, introvertiert, Architekt mit künstlerischen Neigungen, einer Person Svevos ähnelnd. Die Mutter, Pseudosozialistin, wahllos in der Lektüre, ungebildet, bildungshungrig, mit mondänen Ambitionen, lieblos. Daraus einen Interpretationszugriff auf die Dominanz der Frauenfiguren in seinem Werk abzuleiten, lehnt Moravia ab. Auf die Fragen nach den Liebhabern der Mutter reagiert er eher unwillig.

Sesso und *denaro*, die großen Themen der Romane, haben auch ihr lebensgeschichtliches Substrat. Die mit dem Sinn für Abenteuer gerechtfertigte Passion für das Bordell läßt Moravia auch auf den Auslandsreisen nicht los, mindestens in den fünfziger Jahren. Manch erzählte skabröse Situation liest sich eher wie eine Fiktion, zumal wenn man es Moravia glaubt, daß autobiographische Deutungen des Werks in seinem Fall ohne Halt bleiben. Seine »Armut«, mit der er u. a. seine neorealistische Phase erklärt, relativiert sich, wo er 2000 Lire im Monat für wenig hält, in einem zeitgleichen Lied indes, wie man weiß, »Mille lire al mese« den Traum des Angestellten ausmachen. Wichtiger als Zahlen ist der Habitus: der eines wohlhabenden Bürgers mit souveränen Gewohnheiten. Reist erster Klasse, bei Bedarf auch dritter. Fährt, wiewohl »bettelarm«, mit dem Taxi dem Zug nach, dessen Abfahrt er, in Lektüre versunken, verschlafen hat. Als der Vater den Ruin der Familie ankündigt, verbleiben nur »drei Häuser und ein Häuschen«.

In der Liebe ist er von Anfang an europäisch orientiert. France, Trude, Helen: dreifacher amour fou vor der großen Beziehung, der »existentiellen Symbiose« mit Elsa Morante. In Moravias Darstellung ein Konkurrenzverhältnis, weniger sinnlich denn intellektuell geprägt, durch sie böse endend. Vieles bleibt sympathischerweise im halbdunkeln. Mit der späteren Feministin Dacia Maraini kann er besser reisen als mit Elsa. Die letzte Dauerbeziehung gehört einer Spanierin, Carmen Llera. Über beide Frauen er-

fahren wir so gut wie nichts. Von allen hat er keine freiwillig verlassen.

Über Kollegen gibt es viele treffende, nie engstirnige, oft überraschend pointierte Urteile und Vorurteile: Der *Zauberberg* als »Unterhaltungsroman«; Montale als »humanistisch gebildeter und sinnenfroher Mönch«; Pasolini als »vaterländischer Dichter«. Insgesamt reichhaltige Informationen über das literarische Leben der letzten fünfzig Jahre, vor allem über die unübersichtlichen Querverbindungen während der Zeit des Faschismus.

Bei der Selbstdeutung des Werks erfährt man wenig wirklich Neues. Ausnahmen die luziden Bemerkungen zu Dostojewski als Ursache des Mißglückens von *Le ambizioni sbagliate* [*Gefährliches Spiel*], seinem zweiten Roman. Oder die Mordabsicht gegenüber Elsa als Schreibanstoß für *Il disprezzo* [*Die Verachtung*]. Das geäußerte Unverständnis für die Malerei kann deren unpräzis-abstrakte Symbolfunktion in *La Noia* erklären helfen. Wenig überzeugend ist der Versuch, den Romanen der letzten drei Jahrzehnte mehr Bedeutung als die von Varianten älterer Thematiken zukommen zu lassen.

Sprechender sind die Lücken und Glättungen: Kein Wort z. B. über *La speranza, ossia cristianesimo e communismo* [1944: *Die Hoffnung, oder Christentum und Kommunismus*] und über *L'Attenzione* [1965, *Inzest*]. Die zeitweilige Nähe zum Kommunismus und die Rivalität mit der Gruppe '63 passen nicht in die olympische Haltung dieser manches herunterspielenden Selbstdarstellung, welche auch die einstige Affiziertheit von der Kulturrevolution in der Volksrepublik China nicht mehr erkennen läßt.

Man hätte dem jungen Interviewpartner bisweilen mehr Statur gewünscht, um diesen und anderen Widersprüchen, wie etwa der hier erstmalig erscheinenden Bedeutung Malapartes in Moravias Biographie oder der Rolle Moravias als Medienstar, genauer nachzuspüren.

Es bleibt genug an eindrucksvoller Größe eines Lebens und Werks, das Moravia selbst mit »existentiellem Realismus« treffend charakterisiert. Was in seinem Verständnis meint, von der Existenz zum Sinn zu gehen bzw. den Gehalt einer Epoche in den spezifischen Formungen der menschlichen Grundbedürfnisse, vor allem der Sexualität, zur Darstellung zu bringen. Lebensgeschichtlich gewendet: »Man muß um jeden Preis leben und sich eher von der Verzweiflung nähren, als immer an ihr sterben wollen.«

Heinz Thoma

Giuseppe Neri, *L'ultima dogana*, Sansoni Editore, Florenz 1990

Die neun Erzählungen dieses kleinen »Diwan« von Giuseppe Neri drehen sich alle um ein Thema, gegen welches die Exorzismen des Wohlstandszeitaltes um jeden Preis wenig vermögen: um den Tod. Und wie bei jeder richtigen Zollstation, so zahlt man auch hier, auf diesen Seiten, den letzten Obolus, bevor man, mit immer verschiedenen Modalitäten und Absichten, das Leben der Welt verläßt. Neri hat mit einem experimentellen Roman im engsten Sinne des Wortes debütiert, *L'ucello di Chagall [Der Vogel Chagalls]*, 1989 für den Viareggio-Preis in der engeren Wahl. 1987 veröffentlicht er einen Interview-Band *Verso il terzo millenario [Hin zum dritten Jahrtausend]*, in dem er Wissenschaftler und Exponenten des Kulturlebens über ihre Hoffnungen und Befürchtungen befragt. Und nun wendet er sich der Erzählung zu. In seiner Rezension von *L'ultima dogana [Die letzte Zollstation]* spricht Giorgio Manacorda von »barocker Fähigkeit, einem linguistischen oder besser stilistischen Erfindungsvermögen, welches an den barocken Charakter bestimmter Städte im Süden erinnert«, wie denn auch der beständige Kontakt mit dem Tode typisch meridional sei. Und doch ist der Süden Neris der denkbar nördlichste Süden, der Süden von Ciociaria nämlich, einer heute zwischen der verwesten Campagna und dem unteren Latium fast erdrückten Region, und doch ein so großartiges Land von Philosophen wie dem hl. Thomas, von Rednern wie Cicero, von großen Äbten wie den Äbten von Montecassino und von wunderschönen Frauen, die nach Rom herunterkamen, um die aristokratischen Mütter zu ersetzen, die unfähig waren, ihre Kinder zu nähren, oder um den Malern der Hauptstadt als klassische Modelle zu dienen. Daher ist der Tod, von dem Neri schreibt, sicherlich seinem Geburtsland zu danken, er ist aber auch Frucht einer persönlichen Variierung dieses Themas. Der Tod als Spiegelbild des Schutzengels, der über unserem Lebensweg wacht, ist eine nicht nur tragische, sondern oft surreale, eine friedenbringende oder teuflisch ironische Erscheinung. Von den beiden Außenseitern, die auf Eisenbahnzügen leben – in der ersten Erzählung »In maggio« [Im Mai] – und die an einem Weihnachtstag direkt im Paradies landen mit einem zavattinischen Abschlußtriumph, bis zu dem Schauspieler, der im erinnernden Rückblick auf seine ruhmreiche Vergangenheit zwischen betörenden Beifallsstürmen ein geheimnisvolles Klopfen am Herzen vernimmt, eben das Klopfen des letzten Zuschauers seiner Kunst, des Todes; vom satanischen Vincenzino, einem brutalen kleinen wiedergeborenen Custer, der Realität und Schein verwechselt und einen Spielkameraden tötet, bis zu dem alten Schauspieler, der auf der Schwelle eines zuvor nie erlangten Erfolges sich ins Leere stürzt, nun aber den Tod verfehlt; und zu der fulminanten Verwandlung eines Mannes in seinen Hund – scheinen die fünf ersten Erzählungen die längste vorzubereiten: »Il segreto« [Das Geheimnis]. Geheimnis im Sinne von Geheimnis einer ganz gewöhnlichen italienischen Provinz, wo Mikro- und Makrokosmos miteinander verflochten sind und sich wechselseitig stärken. Vergangenheit und Gegenwart, kulinarische Kunst und Skatologie unseligen faschistischen Angedenkens, brutal befriedigte Sexualität und unglückliche, einsame Liebesleidenschaft, alles geschieht gleichzeitig auf dem Dorfplatz – »enormes Proszenium eines Theaters, von dem aus ein Spinnennetz von Gassen, Sträßchen, kleinen Wegen abzweigte, von Pfaden, die mutmaßlich weiter vordrangen in die internen Zonen, in die geheimnisvollen Schlupfwinkel des Dorfes«. Und für jede Szene des dörflichen Geschehens zieht Neri ein gesondertes linguistisches Register: saftig und aromatisch für die Beschreibung der »grande cucina«; vulgär für den schäbigen Priapismus von Don Cronzo, elendig »vergiftet von der Tarantel der Begierde«; tief ernst für die Erinnerung an eine von Faschisten aufgezwungene Rizinus-»Kur«; teilnehmend bei der zerstörerischen Liebesgeschichte von Filuccio, und immer eingedenk der großen literarischen Tradition in Sachen Ulk, eine dörfliche Metapher für das weit größere Weltgericht. Ein amüsierter und gleichzeitig makabrer Blick trifft auch die arme, um Etablierung bemühte Parvenue, die auf dem Altar der lichten Schlankheit ihre sanften Rundungen opfert, der Versuchung eines letzten lukullischen Mahles jedoch nicht widersteht und damit endet, daß ihre neue, viel zu enge Haut platzt. Das Verschwinden des 78ers, eines unschuldigen Autobusses, ist wiederum Ausgangspunkt für eine metropolitane Abschweifung, bestehend aus Asphalt, Tunneln, vertauschten oder nicht existierenden Monumenten, durchquert von einer tollgewordenen Untergrundbahn, die, völlig aus dem Kurs geraten, statt, wie sie es sollte, den Lido von Ostia zu erreichen, in die von nächtlichem Dunkel umhüllte Landschaft schnellt und mit einem lang anhaltenden, insinuierenden Pfeifen »unerreichbaren Ufern« zustrebt. Und nun das Bravourstück, das die Sammlung beschließt: »Presagi« [Vorzeichen] ist die sehr aktuelle Geschichte eines der vielen Menschen, die aus den Massakern des Zweiten Weltkrieges »gerettet«

wurden; langsam, von der Kunst nicht mehr gestützt – es handelt sich in der Tat um einen Maler –, steigt er in die von den Schatten so vieler »Untergegangener« bevölkerte Welt hinab. Und so schließt sein Verschwinden den Kreis, indem es an das Ende der beiden Gestalten der ersten Geschichte anknüpft. Die Reise ist beendet. Die letzte Zollstation kann die Schalter schließen.

Vanda Perretta
Übersetzung: Hildegard Heydenreich

Eberhard Schmidt (Hg.), *Giorgio Bassani. Erinnerungen des Herzens*, Piper Verlag, München/Zürich 1991

Von der Generation italienischer Schriftsteller, zu deren prägendsten Erfahrungen die Zeit des Faschismus gehört, leben nur noch wenige. Einer von ihnen, Giorgio Bassani, wurde letztes Jahr fünfundsiebzig. Sehr viel hört man nicht mehr von ihm, und auch neuere Veröffentlichungen sind seit Jahren rar geworden. Er arbeite aber, so zitiert Eberhard Schmidt aus einem Interview Bassanis mit *Mille Libri*, Heft 4/1988, an einem neuen Roman mit dem Arbeitstitel *I due fiumi [Die zwei Flüsse]*. Von dessen Inhalt Bassani »allerdings nicht mehr zu verraten bereit ist, als daß der eine der beiden Flüsse – natürlich – der Po sei und daß der Roman handeln würde, wie könnte es anders sein: ›von Ferrara und mir‹«.

Auch in dem von Eberhard Schmidt herausgegebenen Band mit neuen Veröffentlichungen von und über Giorgio Bassani steht – wie könnte es bei diesem Schriftsteller anders sein – die Stadt der Este am Po im Mittelpunkt. »Ich fühle mich«, antwortet Bassani in dem Gespräch mit Schmidt, »der Stadt verbunden, die meinen Werdegang von der Geburt über die Kindheit bis zum Mann gesehen hat. Und deshalb spreche ich darüber. Aber andererseits, worüber sollten die Dichter denn sprechen, wenn nicht über ihre eigene Stadt? [...] Weshalb hat Dante Alighieri soviel von Florenz gesprochen? Natürlich ist Florenz etwas anderes als Ferrara; aber ich wollte Ferrara irgendwie das Gewicht verleihen, das alle großen Dichter ihrem Ursprung, ihrer Vaterstadt verliehen haben. Leopardi hat sich mit Recanati beschäftigt. [...] Worüber hat Verga gesprochen, wenn nicht über sein Sizilien? Und Svevo, wenn nicht über Triest?« Zumindest in der italienischen Nachkriegsliteratur ist aber in keinem Gesamtwerk die Verbundenheit zwischen einer bestimmten Stadt und ihrem Schriftsteller so ausgeprägt wie bei Bassani und Ferrara. Man geht durch die Stadt – wie der Herausgeber –, und an allen Ecken, auf allen Plätzen spürt man Atmosphären und sieht Häuser, die einem nach der Lektüre des Werkes von Bassani irgendwie bekannt vorkommen. Geschichte, Gegenwart, Fiktion, Realität, Phantasie, Dokumentation – alles scheint sich für die Leser des *Romanzo di Ferrara* während eines Ganges durch die Stadt zu vermischen. Vielleicht ist gerade dies auch der besondere Reiz von Bassanis Prosa. Dem, so ist zu vermuten, wird irgendwann einmal auch der an der Universität Oldenburg als Politikwissenschaftler lehrende Eberhard Schmidt erlegen sein. Nebenbei bemerkt: Die letzte Veröffentlichung vor diesem Bassani-Band, an der Schmidt mitgearbeitet hat, war ein ganz und gar unliterarisches Gutachten für den Deutschen Gewerkschaftsbund! Daß aus dieser Faszination von Ferrara und Bassani dann auch noch ein in jeder Hinsicht gelungenes Porträtbuch entstanden ist, verdient besondere Beachtung.

Von Bassani sind im Band eine Reihe bislang in deutscher Sprache nicht veröffentlichter Beiträge abgedruckt. Daß Bassani auch Gedichte geschrieben hat, war sicher bisher nicht allgemein bekannt. Eine Auswahl seiner Lyrik erschien letztes Jahr unter dem Titel *In einem alten italienischen Garten* ebenfalls im Piper Verlag.

Wer nicht nur den Roman, sondern auch den Film über die *Die Gärten der Finzi-Contini* in Erinnerung hat, wird vielleicht mit einigem Erstaunen die Erregung von Giorgio Bassani über die Verfilmung seines Romans durch Vittorio de Sica lesen. »Was mich angeht, so erkläre ich mich mehr als befriedigt, daß es mir, wenn auch in letzter Minute, gelungen ist, mein gutes Recht auf Verweigerung der Mittäterschaft geltend zu machen.«

Eingerahmt werden die Beiträge Bassanis von Essays des Herausgebers Schmidt und der Einführung in den »Roman von Ferrara« von Giulio Cattaneo. In einem umfangreichen, in Form wie Inhalt gelungenen Aufsatz beschäftigt sich Schmidt mit dem Schicksal der italienischen Juden im Faschismus. Die Sympathie des Herausgebers mit dem Werk Bassanis und der Stadt Ferrara wird besonders spürbar in der zum Teil von ihm selber photographierten Bilderserie mit Motiven aus Ferrara, der kurze Texte aus dem »Roman von Ferrara« beigefügt sind. Wer Micol und Bruno Lattes aus den *Gärten der Finzi-Contini*, den Doktor Fadigati aus *Die Brille mit Goldrand*, die sozialistische Lehrerin Clelia Trotti oder den Apotheker Pino Barilari noch nicht kennt, wird mit diesem Buch kompetent und mit viel Passion in den *Romanzo di Ferrara* von Giorgio Bassani eingeführt.

Carl-Wilhelm Macke

Giorgio Ruffolo, *Il cavallo di Federico*, Arnoldo Mondadori, Mailand 1991

Es ist der »Roman« eines italienischen Politikers sui generis, von den gewohnten parteipolitischen Machtspielen weit entfernt, so weit, daß er eher als ein Techniker denn als ein Politiker angesehen wird, eine in Italien recht bedeutsame Unterscheidung. 1926 in Rom geboren, hat Giorgio Ruffolo seit 1955 als Professor für Wirtschaftsplanung etliche Werke sozialpolitischen und volkswirtschaftlichen Inhalts verfaßt. Er gründete ein europäisches Zentrum für Wirtschaftsforschung (CER) und ist Mitdirektor der Zeitschrift *MicroMega. Le ragioni della sinistra*, Sprachrohr einer unorthodoxen und sehr intellektuellen italienischen Linken. Zu den Zeiten der ersten, heute längst mythischen Mitte-Linke-Koalition war er Generalsekretär für Programmierung, von 1987 an Senator des Partito Sociale Italiano (PSI) und gegenwärtig Umweltminister.

Diese biographische Prämisse ist wichtig, um zu verstehen, wie das Buch in Italien rezensiert und gelesen wurde, nämlich mit besonderer Erwartung für versteckte Botschaften, die es enthalten mußte, zumal es sich darüber hinaus (trotz des Untertitels) nicht um einen Roman handelt, sondern eher einem »conte philosophique« ähnelt. Auch wenn es von der Gattung her viel vom historischen Roman, von der Science-fiction und der Polit-fiction hat.

Da es eines leicht erkennbaren Plots entbehrt, auch keine eigentlichen Protagonisten aufweist – durchweg fehlen weibliche Figuren –, fällt eine geraffte Inhaltsangabe schwer, noch dazu, wenn man dabei subjektive, parteiliche Deutungen vermeiden will. Auch ist nicht klar, inwieweit die zumindest dem Anschein nach unsystematische Anlage der Handlung auf Dilettantismus, bewußtes Desinteresse für die eigentliche Erzählung zurückgeht oder aber auf besondere formale Ambitionen. Das zentrale Thema von *Il cavallo di Federico* ist ohne Zweifel die italienische Einheit in ihrer aktuellen Problematik. Diese Problematik soll hier durch eine vergangenheitsorientierte Phantasievision aufgelöst werden statt durch zukunftsorientierte politische Arbeit... Es kommt jedoch der Verdacht auf, daß sich im Spiel der Varianten zur Geschichte Italiens, wie in allen Utopien, ein tiefer, rationaler, von Affekten unbeeinträchtigter Pessimismus verbirgt. Ausgerechnet von einem unkonventionellen Historiker aus Triest, Fabio Cusin, stammt ein Aufsatz mit dem bewußt provozierenden Titel »Antistoria d'Italia« [Gegengeschichte Italiens] (1946). So gesehen wäre der im

Roman beschriebene Staat Medigea (gemeint ist ein wohlhabendes, vom Festlanditalien sowie von Europa insgesamt unabhängiges Sizilien im 21. Jahrhundert!), der selbstzufrieden auf einen vergeblich sich abrackernden Norden blickt, als Allegorie des heutigen Italien zu begreifen: eines Italien, das mehrheitlich mit einem verborgenen, aber unleugbaren Höherwertigkeitskomplex auf Europa blickt... Eine schwer beweisbare und dennoch verführerische Hypothese. Die dunklen Stellen im Text würden sich, folgt man dieser Hypothese, als funktional zur politischen Aussage erweisen – einer Aussage, die so gewichtig ist, daß sie der Maskierung bedarf, sich mit ungehemmter subjektiver Fabulierfreude nicht verträgt. Und die einzelnen Segmente der »Erzählung« wären Bausteinchen in einem nicht figurativen, abstrakten, jedoch mit unvermindert rationalem Sinn versehenen Mosaik.

Nun aber der Versuch einer Inhaltsangabe: 1177, als Friedrich Barbarossa sich mit den italienischen Kommunen und mit dem Papst in den Haaren liegt, entfaltet der Mailänder Konsul Gherardo in einer Rede die Vision einer Einigung Italiens mit immer deutlicheren risorgimentalen Färbungen und mit gar nicht so dunklen Prophezeiungen. An diesem Punkt springt die Handlung ins Jahr 2077; wir sind nicht mehr im Norden Italiens, sondern in einem blühenden und reichen Palermo Aziz, das von einem Politiker namens Yussuf Micciché, dem Patron der Cupola, regiert wird. Der Terminus Cupola läßt sich historisch von dem arabischen Kuba herleiten, gemahnt aber offensichtlicher an das Machtzentrum der Mafia. Yussuf Micciché gegenübergestellt wird ein Intellektueller, ein Wissenschaftler, Folco Chiaromonti. Chiaromonti steht der Schola vor, einem Hort der Forschung und der Lehre, vom Autor jedoch mit satirischen Konnotationen versehen, die auf die universitäre Wirklichkeit wahrscheinlich nicht nur Italiens anspielen. Der Mechanismus nämlich, für den man sich in der Schola entscheidet, um zu versuchen, auf die Zeit Einfluß zu nehmen, ist wohl nicht ganz aus der Luft gegriffen: Man will die »schwachen« Denkfähigkeiten junger, zum Überfluß auch noch unter Drogen gesetzter Nachwuchsforscher konzentrieren, bündeln, sie zusammenlegen und vermehren und dann, los! auf die Vergangenheit ansetzen (da in der Wirklichkeit die Versuche, besagte intellektuelle Energien zukunftsorientiert einzusetzen, in Italien, zumindest in Italien, gescheitert sind...). Aber wenn die Zeitmaschine ein Topos der Science-fiction ist, so ist die in Australien erfolgte Erfindung und Anwendung einer Maschine, die mittels eines Nervensy-

»Wenn ich mit den Nerven ganz unten bin, gehe ich in eine Bar namens Apocalypso. Es ist eine polysemantisch transdiversal interklassale Bar: Bis Mitternacht gehen die hin, die später noch woanders hingehen. Nach Mitternacht kommen die, die kein Woanders zum Hingehen haben. Und um vier schließlich jene, die nicht einmal mehr wissen, wo sie überhaupt sind.«
Stefano Benni ist einer der jungen Romanautoren, die die italienische Szene prägen.
»Baol«, eine umwerfende Mischung aus Comic, Märchen und Fabel ist ein satirisches Bravourstück, in dem Benni die Auswüchse unserer Medien- und Konsumgesellschaft humorvoll und doch unerbittlich aufs Korn nimmt.
Stefano Benni
BAOL
oder Die magischen Abenteuer einer fieberhaften Samstagnacht
Piper
PIPER
208 Seiten. Geb. DM 34.–

stemcomputers telepathische Experimente ermöglicht, eine Nachricht aus unseren Tagen.

Ruffolo läßt sodann verschiedene Szenarien aufeinanderfolgen, deren chronologische Ordnung mehrfach unterbrochen wird durch Einschub von Personen und Handlungen aus früheren Epochen in eine magisch-esoterische Zeitdimension. Die Verzweigungen zu verfolgen, zu werten, ob und inwieweit in den Wortspielen, Anagrammen, Zitaten polemische oder einfach komische Absichten unterlegt werden (der geniale italienische Physiognomist Fermo Cireni ist Anagramm von Enrico Fermi, »Italo Svevo« ist der Code-Name der Operation, die den Hohenstaufern ihre Rolle streitig machen will, der große Saal der Schola nennt sich Todomodo...), einen logischen Faden aufzuspüren, der vom Jahre 1177 bis ins Jahr 2077 reicht – all dies ist zu kompliziert und im Grunde auch nicht nötig. Den narrativen Anfang bildet eine Blechdose, die, im Rom des 21. Jahrhunderts in eine Kloake gekickt, von einer Kloake zur anderen treibt und schließlich im Venedig des 11. Jahrhunderts wieder auftaucht. Dieselbe Szene wird auf der letzten Seite des Buches wiederaufgenommen, das mit dem selbstkritischen Monolog eines revolutionären Utopisten abschließt.

Eine Erzählung somit, die über ihren literarischen Wert hinaus sich gut eignen würde etwa für den universitären Unterricht des Italienischen, auch italienischer Landeskunde: eine vielleicht arg phantastische, aber durchaus anregende Annäherung an so viele Probleme des heutigen Italien, offeriert von einem Autor, dem Kultur, Originalität und politische Erfahrung zweifellos nicht fehlen.

Pietro Roselli
Übersetzung: Hildegard Heydenreich

Letteratura italiana. Gli autori. Dizionario bio-bibliografico e indici, Einaudi, Turin, 1990–1991, 2 Bde.

Mit diesen beiden Indexbänden wird eine der anregendsten Großunternehmungen der neueren italienischen Literaturgeschichtsschreibung, die von Alberto Asor Rosa herausgegebene *Letteratura italiana* des Einaudi-Verlags abgeschlossen. Diese Register wird jeder Benutzer des elfbändigen Werkes dankbar konsultieren, um die Stellen zu finden, an denen ein ihn interessierender Autor behandelt wird. Doch haben sie über diesen projektbezogenen Nutzen hinaus einen eminenten Wert für alle, die sich mit italienischer Literatur beschäftigen. Es wird hier nämlich erstmals ein umfangreiches Repertorium mit Daten zur italienischen Literatur vorgelegt, das bisher fehlte.

Auf 1864 Seiten haben 49 junge Wissenschaftler Informationen über die Biographie und die Veröffentlichungen von 7500 Autoren gesammelt. Das ist viel mehr, als in irgendeinem der Literatur- oder Autorenlexika zu finden ist. Asor Rosa lädt die Besserwisser ein, Lücken zu monieren. Sie fallen einem auf, wenn man eine Zeitlang systematisch die Namen nachschlägt, die einem gerade einfallen. Sie hier aufzulisten hätte wenig Sinn, weil die Autoren, die ich zu nennen hätte, vielfach selbst Fachkollegen unbekannt sind. Es wäre auch ungerecht, weil einerseits ein Lexikon wie das vorliegende auf Anhieb gar nicht vollständig sein kann und weil andererseits die Urheber dieses Lexikons andere Zielsetzungen für vordringlicher hielten als die einer umfassenden Registrierung aller Autoren der italienischen Literatur. Überdies habe ich in diesen beiden Bänden schnell die wesentlichen Informationen über Personen gefunden, die andere Literaturgeschichten und die gängigen Lexika nirgendwo verzeichnen. Beispiele tun nichts zur Sache, denn jedermann kann die Minores nachschlagen, über die er etwas erfahren möchte.

Hinter der Fülle der präsentierten Personen steht nicht nur ein großer Sammlerfleiß, sondern das ganze Konzept der *Letteratura italiana*, die den literarischen Institutionen ebensoviel Raum wie den literarischen Formen, den materiellen Bedingungen der Produktion und Rezeption dasselbe Gewicht wie den wissenschaftlichen Methoden der Deutung von Literatur, der Literaturgeographie dieselbe Bedeutung wie der historischen Periodisierung einräumt. Die vielen Namen ergaben sich von selbst aus der Vielfalt der Fragestellungen, innerhalb derer literarische Texte in dieser Literaturgeschichte gedeutet werden. Eine Diskussion über die Autoren, die in diesem Lexikon verzeichnet werden sollen, hat deshalb auch nur in einer Auseinandersetzung mit der Art der Literaturdeutung in den vorausgehenden elf Bänden einen Sinn.

Man kann sich eine Vorstellung von der Fruchtbarkeit des Ansatzes der *Letteratura italiana* des Einaudi-Verlags machen, wenn man diese beiden Registerbände durchblättert und erkennt, welchen Zusammenhängen die Verfasser der Beiträge nachgegangen sind. Hier ist nicht nur ein weiter Literaturbegriff wie in der alten humanistischen Vorstellung der *litterae*, der das ganze fiktionale und nichtfiktionale Schrifttum umfaßte, zugrunde gelegt, sondern auch der Ausdifferenzierung des literarischen Lebens und Schrifttums seit der Einengung des Literaturbegriffs im 18. Jahrhundert auf schöngeistige Fiktion Rechnung getragen worden. Neben Gelehrten, Journalisten und Kulturfunktionären sind Kopisten, Verleger, Sammler verzeichnet und Gestalten der mündlichen Literatur, z. B. der Geschichtenerzähler und der Bänkelsänger, Institutionen, z. B. Akademien oder Bibliotheken, sowie Periodika (mit Ausnahme der Tageszeitungen) verzeichnet. In mancher Hinsicht läßt sich dieses Lexikon daher als Nachschlagewerk zur italienischen Kultur benutzen.

Die Biographie der Autoren ist in der heutigen Literaturgeschichtsschreibung gegenüber anderen Aspekten des literarischen Lebens in den Hintergrund getreten. Auch Asor Rosa, der Spiritus rector dieses Unternehmens, lehnt es ab, die Geschichte der Literatur als eine Abfolge von Porträts bedeutender Literaten zu konzipieren. Doch hat er richtig erkannt, daß die enzyklopädische Auflistung der wichtigsten Repräsentanten der Literaturszene als Gegengewicht zur Marginalisierung der Literaturschaffenden im literaturhistorischen Diskurs notwendig ist. Sein Mitarbeiterstab hat es verstanden, in den Artikeln jeweils neben den reinen Lebensdaten die wesentlichen dokumentarischen Informationen zum Lebenslauf und die bibliographischen Angaben zu den Originalausgaben und den kritischen Editionen einzelner Werke zu registrieren.

Der Einaudi-Verlag hat sich vor Jahren mit dieser Literaturgeschichte auf ein verlegerisches Wagnis eingelassen, das nun mit dem *Dizionario bio-bibliografico* seinen erfolgreichen Abschluß findet. Dieses Nachschlagewerk ist so solid und klug hergestellt worden, daß es noch viele Jahre Fachleuten wie Liebhabern vorzügliche Dienste erweisen wird.

Volker Kapp

Alvise Zorzi, *Österreichs Venedig. Das letzte Kapitel der Fremdherrschaft, 1798 bis 1866.* Aus dem Italienischen von Heinz-Georg Held und Claudia Piras. Claassen, Düsseldorf 1990

Am 17. Oktober 1797 besiegelte der zwischen Napoleon und Kaiser Franz II. geschlossene Friedensvertrag von Campoformio (nicht »Campoformido«: S. 15 und 363) den Untergang der Republik Venedig. Zum Entsetzen revolutions- und napoleonbegeisterter Patrioten wie Ugo Foscolo wird die Serenissima nicht der Cisalpinischen Republik zugeordnet. Vielmehr gingen Stadt und Hinterland, das Veneto, nach dreimonatiger französischer Besatzung (und Plünderung) in den Besitz Habsburgs über. Dies blieb – sieht man ab von dem »napoleonischen Zwischenspiel« 1805 bis 1814 und der risorgimentalen

»Parentesi Manin« 1848/49 bis 1866 so, als das Königreich Italien, obwohl in Custoza und vor Lissa geschlagen, Venedig und Veneto integrieren durfte – als Lohn für Bündnistreue mit Preußen.

Daher, dem deutschen Leser zuliebe, der im Original *(Venezia austriaca 1798–1866*, Laterza, Bari-Rom 1985) fehlende Untertitel *Das letzte Kapitel der Fremdherrschaft*, obwohl er, chronologisch gesehen, die Sachverhalte nicht voll trifft. Worauf Zorzi hinauswill, ist die Darstellung des zumeist ereignisarmen Alltags einer entmündigten, wirtschaftlich defizitären und daher Wiens Säckel eher bedrängenden ehemaligen Republik, die freilich, von Napoleon enttäuscht sowie (zunächst) abseits von risorgimentalen Bestrebungen im Westen und Süden, Jahrzehnte benötigt, um jene postautonome, überregionale Identität zu finden, die 1866 die Eingliederung in das seit sechs Jahren bestehende Königreich Italien ermöglicht.

Alvise Zorzi, Jahrgang 1922, entstammt selber einem alten venezianischen Geschlecht und ist, auch im Ausland, der wohl bekannteste Historiker seiner Heimatstadt. Hier nur einige seiner Titel: *Venezia scomparsa* (2 Bde. Electa, Mailand 1972), *La Repubblica del Leone* (Rusconi, Mailand 1979), *Una città, una repubblica, un impero. Venezia 697–1797* (Mondadori Mailand 1980), Canal Grande (Rizzoli, Mailand 1991). Im vorliegenden Band sieht und beschreibt er sowohl »Fremdherrschaft« als auch Risorgimento mit hinreichend venezianischen Augen. Teil I bietet einen anekdotenreichen »historischen Abriß« der bewußten Dezennien. Teil II wiederum, »Das Leben und die Gesellschaft« betitelt, zergliedert den Alltag in Einzelphänomene wie »Der Kaiser«, »Die Verwaltung«, »Die Gesellschaftsschichten«, »Schriftsteller, Gelehrte und Künstler« u. dgl. Wir erfahren, daß zwar der k. u. k. Haupthafen Triest der Lagunenstadt den Import/Export-Rang ablaufen darf, Wien jedoch Ökonomie und traditionelle Verwaltungsstrukturen einigermaßen respektiert bzw. nach napoleonischen Umkrempelungen wieder einsetzt. Die Folgen: Weite Bevölkerungsteile fühlen sich im Schatten des Doppeladlers (zunächst) so unwohl nicht, die patriotischen Geheimbünde der »carbonari« fassen (zunächst) kaum Fuß, ja viele konservative Bürgerkreise lehnen die zum Teil antiklerikalen Töne der italienischen Nationalisten schlicht ab. Wir erfahren ferner, daß Daniele Manin, der letztlich einzig erfolgreiche Risorgimento-Politiker am Ort, beim Volk vor allem deshalb »ankam«, weil er als einziger seine flammenden Reden in venezianischem Dialekt hielt, es ihm auf diese Weise gelang, »die Ideen von Republik,

Demokratie und Unabhängigkeit zu ›venezianisieren‹«.

Ein sympathisches Buch auch deshalb, weil es einem geistigen Ambiente entspringt, das die Vorstellung eines monolithischen, trikoloreschwingenden Schulbuch-Risorgimento sanft und sachlich korrigiert. Und weil es nicht nur den bürokratischen Antagonismus von Zentralgewalt und Bevölkerung veranschaulicht, sondern auch das Nebeneinander, ja die punktuelle Verschränkung mehrerer Kulturen. »Fremdherrschaft« offenbart sich somit im Verlauf der Lektüre als weniger aggressiv, als der Untertitel zunächst vermuten läßt.

Zorzis Buch läßt sich als weiterer Beleg einer postnationalistischen, sine ira et studio über die Alpen blickenden Gelassenheit preisen, die gerade in Italiens venezianischem Norden seit längerem imponierende wissenschaftliche und literarische Früchte hervorbringt. Hierzu abschließend einige Beispiele:

Innerhalb der vom Mailänder Verlag Electa betreuten Reihe »Venezia« der Band *Venezia Vienna. Il mito della cultura veneziana nell'Europa asburgica, a cura di Giandomenico Romanelli* (1983), zu dem Alvise Zorzi das Kapitel über die Marine beisteuerte. Ferner der Katalog zur Veronenser Ausstellung *Il Veneto e l'Austria. Vita e cultura artistica nelle città venete 1814–1866, a cura di Sergio Marinelli, Giuseppe Mazzariol, Fernando Mazzocca,* 1989 ebenfalls bei Electa erschienen.

Isabella Bossi Fedrigotti, in Rovereto von einer österreichischen Mutter zur Welt gebracht und für ihren (vierten) Roman *Di buona famiglia* (Longanesi, Mailand 1991; dt. Ausgabe im Piper Verlag i. Vorb.) mit dem Premio Campiello bedacht, debütierte 1980 mit dem Roman *Amore mio, uccidi Garibaldi.* Er besteht – im Taschenbuch-Neudruck (TEADUE, Mailand 1990) hundertdreißig Seiten schmal – aus dem Briefwechsel des 1866 auf habsburgischer Seite im Trentiner Gebirge kämpfenden Kleinadeligen aus Rovereto, Fedrigo Bossi Fedrigotti, mit seiner jungen Frau, einer Lobkowitz aus Wien... Risorgimento verkehrt, wenn man so will; ein Liebesdialog, der italienischen Lesern Königgrätz als Katastrophe, Custoza und Lissa als normale Festigung von Machtverhältnissen, die dennoch bevorstehende Abtretung der Provinz Venetien als herben Verlust präsentiert! Der Schwerpunkt liegt jedoch auf den menschlichen und kulturellen Verflechtungen innerhalb ein und derselben Grenzfamilie mit Verwandten und Freunden in Preußen, in Mailand, in Tirol, in Wien, in Venedig...

Schließlich Gian Paolo Marchi, Jahrgang 1941, Literaturprofessor in Verona mit Publikationen über den Humanismus, über Giovanni Verga, Übersetzer aus dem Deutschen sowie Verfasser zweier Texte, deren zweiter, 1986 entstanden, 1989 in einem schönen Privatdruck (Grafiche Fiorini, Verona) herauskam: »E te, german di giovinezza«. Ein Prosa-Juwel auf elf Seiten. Der Abschied (Herbst 1880) zweier Liebender in Ala südlich von Rovereto, Grenzstation seit 1866, aus der Perspektive eines italienischen Polizeibeamten – Custoza-Kämpfer, Einsamkeit aus Alter und ungelebtem Leben –, der den Vorfall an die Vorgesetzten in Verona zu melden hat. Ein herbstlich-wehmütiger, streng durchkomponierter, karger, weil mit nur drei Personen und den grauen Räumen eines kleinen Bahnhofs auskommender Text, der die gleichfalls zwischen Trento und Verona angesiedelte plumpe Hörigkeits- und Rache-Melodramatik der Erzählung »Senso« (1883) von Camillo Boito (1836–1918), 1953 von Luchino Visconti mit Alida Valli unvergeßlich verfilmt, weit, weit hinter sich läßt.

»Es wäre zu wünschen, daß die lange, vielfältige und komplizierte Geschichte, die Venedig mit Österreich verbindet, endlich ohne Vorurteil und Polemik aufgearbeitet wird«: so Alvise Zorzi am Schluß seines nun auch in Deutschland zugänglichen Bandes. Südlich der Alpen haben hierzu Literaten und Historiker, unter diesen Zorzi selbst, bereits achtens- und liebenswerte Beiträge erstellt.

Titus Heydenreich

Theodor Sträter, *Briefe über die italienische Philosophie,* herausgegeben von A. Gargano (mit vier Abbildungen), Istituto Italiano per gli Studi Filosofici / Janus-Verlagsgesellschaft, Köln 1991

»Ach! diese leuchtenden Morgen hier! Diese meerfrischen, sternklaren Abende! Diese zauberhaften Mondnächte, im einsamen Kahne durchträumt! Es ist eine dämonische Schönheit – wie der seeligste Traum des Erdgeistes – über diese Landschaft hingegossen«, schwärmt der Italienreisende Theodor Sträter: »So groß und majestätisch, und so lieblich und anmuthig zugleich erscheint selbst in Italien vielleicht nirgends die Welt, als in Neapels Umgebung!« Der zukünftige Schriftsteller klingt hier bereits durch, doch auf Reisen befindet sich 1864/65 der Bonner Privatdozent der Philosophie und Ästhetik, degoutiert vom deutschen akademischen Betrieb: »Wer der Schulphrasen und der seelenlosen Formeln müde ist, wer krank ist an Abstraktionen ohne Inhalt, der komme her nach Neapel und erfrische sich an den Werken Giordano Bruno's, und in der Anschauung und im Genuße der wunderbaren Natur, die einst den Philosophen von Nolas geboren hat.«

Hier in Neapel erfährt der deutsche Philosoph Harmonie zwischen Landschaft und Empfinden, zwischen Denken und Erleben. Sträter erlebt, wie das nun freie Italien an seine große Tradition anknüpft, um wieder einen führenden Platz im »modernen europäischen Denken« einzunehmen, ja wenn »moderne Philosophie« überhaupt eine Zukunft hat, dann nur hier in Italien, an der Universität Neapel. »Die Philosophen Italiens haben jetzt *begriffen*«, so der deutsche Gelehrte, »daß durch die Vermittlung Spinoza's und der englischen und französischen Philosophie des 18. Jahrhunderts die deutsche Philosophie in Leibnitz, Kant und Hegel die Erfüllung dessen geworden ist, was die ersten großen italienischen Philosophen – ein Giordano Bruno, Tommaso Campanella und Giambattista Vico vor Allen – zuerst geahnt, gesucht und *geschaut* haben. Und indem sie nun die Analogien zu Cartesius und Spinoza in Bruno, zu Baco und Locke in Campanella, zu Leibnitz in Vico, zu Kant und Fichte in Galluppi und Rosmini, und zu Schelling und Hegel in Gioberti aufsuchen [...], so erkennt der italienische Gedanke sich wieder in der gesammten europäischen Philosophie der beiden letzten Jahrhunderte, und ist nun seinerseits bemüht, auch den höchsten und klarsten wissenschaftlichen *Ausdruck* dessen zu finden und mitzutheilen, was sich in ihm selbst doch zuerst geregt hat in prophetischen Ahnungen und wunderbar phantasievollen Träumen von einem neuen Gottesreiche im Geiste und in der Wahrheit.«

So liefern diese in der Zeitschrift *Der Gedanke*, dem Organ der »Philosophischen Gesellschaft zu Berlin«, abgedruckten Briefe ein frühes Zeugnis aus deutscher Feder über die so blühende Phase der Universität Neapel, ihre akademischen Lehrer und damit über das so fruchtbare Fortwirken Hegels im nun freien Italien. Das politische und intellektuelle Klima in Italien ist in der Tat ein geeigneter Nährboden. Hegel hatte seinen Zeitgenossen das die Individuen übergreifende Gesamtleben der menschlichen Gemeinschaft zu Bewußtsein gebracht, hatte besonders im Staate die Vollendung der Sittlichkeit und die konkrete Verwirklichung der sittlichen Idee erblickt. Er ist der höchste aller Zwecke, in dem sich die Freiheit im Menschenleben verwirklicht. »Fortschritt im Bewußtsein der Freiheit« lautet die Formel, die der Hegelianer Sträter in Italien aufs gelungenste realisiert sieht. Die Philosophie ist hier »in der Tat das geworden, was sie seit Fichte eben sein muß – Leben, Tat, persönlicher Charakter, ich möchte sagen, Religion des Herzens, und nicht bloß eine

Beschäftigung des Kopfes neben anderen«. Das wissenschaftliche Ideal ist eine neue Philosophie der Geschichte. Vom »mittelalterlichen katholischen Bewußtsein« gilt es sich zu befreien, um eine andere »Objektivität an die Stelle setzen zu können, den echt modernen Staat nämlich und seine Entfaltung zur freien Religion, zur freien Kunst und zur freien Wissenschaft«. Sträter lernt die Professoren kennen, besucht ihre Vorlesungen. Treffpunkt ist die deutsche Buchhandlung, die »Libreria Detken«, denn Deutsch sprechen sie alle. Der führende Kopf ist jedoch Professor Bertrando Spaventa, der »etwas sokratisches in seiner Persönlichkeit« hat, »eine mächtige, imposante Persönlichkeit, groß und stark gebaut und von jenem phlegmatisch kräftigen Temperament, dem Hegel bekanntlich die größte Energie und Gründlichkeit vindicirt«. Aus seinen Publikationen übersetzt Sträter einige längere Passagen, um so direkt zu vermitteln, wenn auch das Deutsche den »antiken Ton« und die »klassische Klarheit« des Italienischen nicht treffen kann.

Eine »gewaltige objektive Lebensfülle« ist in Neapel wirksam. Der deutsche Reisende sieht im Charakter der Neapolitaner »eine Mischung von naturalistischen und dialektischen Elementen«. »Man muß eben einmal unter und mit den Leuten hier leben, um sie zu verstehen«, so Sträter, der dann fortfährt: »Der italienische Geist hat durchaus Nichts von dieser Weichheit und Sanftheit, in welcher wir Deutschen unsere Güte, aber auch unsere Schwäche haben: hier ist Alles bestimmt, hart, krystallinisch, plastisch sofort sich fest gestaltend, und nur in solch' bestimmter Form alles Äußere ergreifend und alles Innere offenbarend. Der italienische Geist schwärmt nicht und träumt nicht und symbolisiert nicht: es ist ein durch und durch realer und objektiver Geist.«

Diese neun Briefe, von Antonio Gargano und dem angesehenen Istituto Italiano per gli Studi Filosofici herausgegeben und mit einem knappen Vorwort von Giovanni Pugliese Carratelli, in dem auch der Autor vorgestellt wird, versehen, laden in diesem liebevoll bibliophil gestalteten Bändchen zu anregender Lektüre ein.

Peter-Eckhard Knabe

Giovanni Gentile: *Politica e cultura*, 2 Bde., *Opere complete*, Bd. XLV und XLVI, Casa editrice le lettere, Florenz 1990/91

Mit dem Erscheinen von *Politica e cultura* liegen nunmehr nach *Guerra e fede* [Krieg und Glaube] und *Dopo la vittoria* [Nach dem Sieg] (beide 1989) auch die politischen Schriften dieses neben Croce und

Gramsci bedeutendsten italienischen Philosophen des 20. Jahrhunderts vollständig vor. Von der auf 55 Bände veranschlagten Gesamtausgabe (hinzu kommen 10 Korrespondenzbände) sind damit wohl die wichtigsten und bekanntesten Schriften Gentiles erschienen. Mit der noch ausstehenden Veröffentlichung der auf noch einmal 9 Bände angesetzten Fragmente soll dann bis etwa 1995 ein editorisches Großprojekt seinen Abschluß finden, dessen Realisierung sich nun bereits über mehr als vierzig Jahre hinzieht.

Ganz zweifellos ist die vollständige Erfassung und Veröffentlichung bzw. Neuveröffentlichung von Gentiles Schriften, insbesondere des wichtigen und umfangreichen Briefwechsels, nicht nur für die Philosophie und Philosophiegeschichte ein Ereignis von Bedeutung. Sie stellt generell einen wichtigen Beitrag zu Studium und Verständnis der italienischen Kultur der ersten Hälfte des 20. Jahrhunderts und insbesondere der Zwischenkriegszeit dar. Dennoch mag einen deutschen Beobachter das konstante editorische Interesse an einem Autor verwundern, der doch als einer der Hauptideologen des faschistischen Regimes gelten muß.

Die bemerkenswerte Tatsache, daß nunmehr das Werk Gentiles in einer aufwendigen und sorgfältigen Ausgabe vorliegt, während etwa eine vergleichbare Gramsci-Gesamtausgabe weiter aussteht, mag daher Anlaß sein, einen Blick zurück in die Editions- und Rezeptionsgeschichte des Gentileschen Aktualismus zu tun.

Die weiterhin erhebliche Resonanz der aktualistischen Philosophie in Italien ist nämlich neben dem unbestreitbaren und in Deutschland entweder gar nicht wahrgenommenen oder aber verdrängten Rang Gentiles als Philosoph auch ein Produkt seiner kulturpolitischen Aktivitäten, die ihn in den dreißiger Jahren zum Zentrum eines weitverzweigten Netzes kulturellen Einflusses machten. Neben seiner Präsidentschaft in gleich einer ganzen Reihe von Kulturinstitutionen sei hier vor allem auf die Vielfalt seiner editorischen Aktivitäten verwiesen. Gentile, der sich bereits 1919 – neben seiner Mitarbeit an *La Critica* – mit dem bis heute einflußreichen *Giornale critico della filosofia italiana* eine Hausmacht und seinem Aktualismus ein eigenes publizistisches Organ geschaffen hatte, baute in den zwanziger und dreißiger Jahren seine kulturpolitische Einflußsphäre zielstrebig zu einer Art editorialer Hegemoniestellung aus, die bereits zu Zeiten des Faschismus Gegenstand heftiger Kritik wird. Er gewinnt erheblichen Einfluß bei Verlagen wie Vallecchi, La Nuova Italia und Treves und wird im Jahre 1932 Direktor von Le Monnier. Im gleichen Jahr kann er den Florentiner

Klug, amüsant, lebenserfahren – Kabinettstücke zur menschlichen Komödie unserer Zeit
Die in der Turiner Zeitung »La Stampa« erschienenen Glossen des italienischen Autorenduos waren jahrelang eine Institution für Zeitung und Leser. Was die berühmte »Firma« Fruttero & Lucentini hier ganz nebenbei produzierte, ist ein aus brillanten Beobachtungen und witzigen Aperçus entstandenes Porträt des heutigen Italien, das in einiger – nicht immer so erfreulicher – Hinsicht auch stellvertretend für andere »westliche Überflußgesellschaften« stehen kann. Ihre ironisch-bissigen Streiflichter sind ein Genuß nicht nur für Italien-Fans, sondern eine vergnügliche Lektüre für alle nachdenklich-kritischen Zeitgenossen.
327 Seiten. Geb. DM 39.80
Fruttero & Lucentini
Ein Hoch auf die Dummheit
Porträts, Pamphlete, Parodien
Piper
PIPER

Verlag Sansoni kaufen, dessen Direktion bald sein Sohn Federico übernimmt und der bis in die achtziger Jahre in den Händen der Familie Gentile geblieben ist. (Über Gentiles Verlagspolitik bei Sansoni hat Gianfranco Pedulla mit seiner Studie *Il mercato delle idee. Giovanni Gentile e la Casa editrice Sansoni* [*Der Markt der Ideen. Giovanni Gentile und das Verlagshaus Sansoni*] 1986 eine ausführliche Untersuchung vorgelegt.)

Der Verlag Sansoni ist es denn auch, der in den Jahren 1934–1946 eine erste 16bändige Ausgabe der Werke Gentiles herausbringt.

Bereits 1946, kurz nach Kriegsende und nur zwei Jahre nach dem Mord an Gentile, wird in Rom unter dem Vorsitz des Gentile-Schülers Ugo Spirito die *Fondazione Giovanni Gentile per gli studi filosofici* gegründet, die den Nachlaß und die umfangreiche Bibliothek Gentiles erhält und auch das Erscheinen des *Giornale critico* wiederaufnimmt. Unter der Mitarbeit zahlreicher Gentile-Schüler, darunter so hochkarätiger wie unverdächtiger Gelehrter wie Eugenio Garin, der die Zeitschrift zur Zeit leitet, gewinnt das *Giornale* bald wieder Gewicht und garantiert eine beachtliche Kontinuität in der Rezeption, die bis heute anhält. Die Statuten der Stiftung sahen darüber hinaus die Vorbereitung einer Gesamtausgabe als eine ihrer Hauptaufgaben an. Der erste Band dieser Ausgabe ist denn auch bereits im Jahre 1950 bei Sansoni erschienen. Die *Fondazione*, die bis heute die Werkausgabe betreut, konnte im Jahre 1954 in eine Art öffentliche Körperschaft umgewandelt werden und ist nunmehr dem Philosophischen Institut der Universität Rom angeschlossen. Nach dem Tod Spiritos und nachdem sich Federico Gentile aus dem Verlag Sansoni zurückgezogen hatte, lag das Editionsprojekt bis Ende der achtziger Jahre fast zwanzig Jahre brach, bis es dann von dem ebenfalls von der Familie Gentile gegründeten Verlag Le Lettere in Florenz fortgesetzt wurde. Seitdem konnten unter der tatkräftigen Leitung von Hervé A. Cavallera in rascher Folge sowohl die pädagogischen als auch die politischen Schriften veröffentlicht werden.

Daß gerade die politischen Schriften so lange auf ihre Neuveröffentlichung warten mußten, dürfte dabei alles andere als ein Zufall sein. Sind sie es doch, die Gentile aufgrund seiner lebenslangen Mussolini-Loyalität zu einer weiter äußerst umstrittenen Figur machen. Gerade das Studium der politischen und pädagogischen Schriften jedoch erweist sich als unersetzliches Hilfsmittel zum Verständnis dessen, was man sich die *anni del consenso* zu nennen gewöhnt hat. Wie kaum ein zweites ist das Werk Gentiles geeignet zu zeigen, auf welche Weise ein wichtiger Teil der liberal-konservativen Kultur in die faschistische Kultur eingehen konnte und gerade dadurch aber auch ein Garant dafür war, daß eine radikale Kulturfeindschaft, wie sie etwa den Nazismus prägt, in Italien bis zum Kriegsausbruch keine Chance hatte.

Vertieft man sich in die Lektüre dieser Bände, die neben den im ersten Band zusammengefaßten drei Hauptschriften *Che cosa è il fascismo* [*Was ist Faschismus?*], *Fascismo e cultura* [*Faschismus und Kultur*] und *Origini e dottrina del fascismo* [dt. (1936): *Grundlagen des Faschismus*] im zweiten Band sehr viel bislang schwer zugängliches Material enthalten, so entsteht ein eigentümlich gespaltenes Bild von einem Gentile, der sich im Grunde bis in die dreißiger Jahre als Liberaler versteht und der schleichenden Demontage seiner durchaus im liberalen Geist konzipierten Bildungsreform von 1922/23 einen ebenso hartnäckigen wie auf die Dauer vergeblichen Widerstand entgegensetzt. Die von der jüngeren Forschung besonders im Zusammenhang mit dem Enzyklopädieprojekt – die diesbezüglichen Texte bilden im zweiten Band einen eigenen Abschnitt – zu Recht betonte objektive Funktion dieses Liberalismus als Transmissionsriemen zur Organisation des kulturellen Konsenses darf daher nicht den Blick trüben für die nicht nur rhetorischen Unterschiede zwischen dem Gentileschen Kulturideal und der Praxis im faschistischen Staat.

Ohne einer zweifelhaften Revision des Gentile-Bildes das Wort zu reden, möchte man sich dennoch wünschen, daß die Neuveröffentlichung dieser Schriften dazu beiträgt, ein viel zu simples Gentile-Bild zu differenzieren, welches es etwa in Deutschland bis heute möglich macht, seine Bedeutung für rund fünfzig Jahre italienischer Kultur zu verdrängen.

Andreas Gipper

Antonio Gramsci, *Gefängnishefte*, Bd. 1, 1. Heft, herausgegeben von K. Bochmann, Hamburg 1991

Unter dem Patronat des italienischen Staatspräsidenten wird gegenwärtig eine weitere Edition der Werke Antonio Gramscis vorbereitet. Diese Nachricht zeigt, welcher öffentliche Stellenwert dem Marxisten Gramsci auch heute noch in Italien eingeräumt wird. Mögen sich auch die italienischen Kommunisten von ihrem Namen verabschieden und die marxistischen Studien sich leise aus dem Kanon der Universitäten herausschleichen – Gramsci bleibt!

Im deutschen Sprachraum ist er überhaupt erst noch zu entdekken. Daß er hier bisher so verkürzt oder instrumentell oder einseitig rezipiert worden ist, hat einen ganz einfachen Grund. Von seinem umfangreichen Werk lagen in den letzten Jahrzehnten immer nur Bruchstücke übersetzt vor.

Jeder pickte sich, wie Wolfgang Fritz Haug, einer der beiden Herausgeber der deutschen Edition, jetzt bei der Präsentation des ersten Bandes der *Gefängnishefte* so treffend formulierte, die ihm passenden Rosinen heraus und glaubte damit schon ein Gramsci-Kenner zu sein.

Es ist ein trauriges Kapitel westdeutscher Verlagspolitik, wie das Werk eines der unumstritten einflußreichsten italienischen Intellektuellen in diesem Jahrhundert unbeachtet in den Regalen der Lektorate verstaubte. Vorneweg ist der Suhrkamp Verlag zu nennen, der die gewiß schwierige Übersetzung der *Gefängnishefte* kurzfristig schon einmal angekündigt hatte, dann aber mit dem Ende der »linken Konjunktur« das Projekt heimlich wieder fallenließ. Als wäre Gramsci nur ein linker »Säulenheiliger« und kein Denker, der die politische Kultur Italiens, ja Europas über alle »Lager« hinweg mitgeprägt hat. Daß in der langen Frostperiode des osteuropäischen Marxismus-Leninismus für einen so unkonventionellen Denker wie Gramsci kein Platz war, wundert niemanden. »Mit einem Staatsverständnis, das der Repression den Vorrang vor dem Konsens einräumte, war ein Denken, das um Bildungsbedingungen eines sozialen Konsens kreiste, der eine Politik zu tragen vermöchte, unvereinbar.« (Haug)

Nach langem Zögern hat der kleine Argument-Verlag das große Wagnis einer Gramsci-Edition auf sich genommen. Ausgerechnet in diesen düstersten Zeiten linker Theoriediskussion den Mut zu finden, einen Klassiker des *westlichen Marxismus* in einer in jeder Hinsicht vorbildlichen Edition zu publizieren, verdient Respekt und Anerkennung. Insgesamt soll die neben Haug von Klaus Bochmann (Universität Leipzig) betreute deutsche Edition der *Gefängnishefte* zehn Bände umfassen. Wenn jede der geplanten Ausgaben mit der Sorgfalt ediert wird, die den ersten Band auszeichnet (ausführliche Hinführungen auf das Werk Gramscis, umfangreicher kritischer Apparat, Fadenheftung), dann dürfen sich die Leser auf ein wirklich spannendes intellektuelles Abenteuer freuen.

Endlich besteht jetzt auch im deutschen Sprachraum die Möglichkeit, den *ganzen* Gramsci zu lesen, um selbst zu erkennen, was von seinem Denken überholt ist, was der kritischen Vertiefung bedarf und was auch weiterhin Bestand haben wird in unserer Verständigung über gesellschaftliche Veränderungsstrategien.

»Nino« Gramsci war ja keineswegs nur ein politisch-stategischer Denker der italienischen Kommunisten vor und während der faschistischen Jahre. Seine Interessen reichen weit über die »Partei«, über die Arbeiterbewegung, über die Gesellschaftsanalyse im engeren Sinn hinaus. Die Bedeutung Gramscis im Rahmen der italienischen Literaturgeschichte wird auch von Wissenschaftlern hervorgehoben, die seine politischen Positionen nicht teilen.

Heute aber, so ist zu befürchten, werden in Deutschland nur wenige Intellektuelle mit einer Lektüre Gramscis beginnen. Und zu einer Verständigung mit und über Gramsci wird es in diesen Zeiten linker Selbstaufgabe nicht mehr kommen. Es fällt schwer, hier die Zuversicht der Herausgeber zu teilen. Vielleicht aber wird doch der »Optimismus des Willens« den »Pessimismus des Verstandes«, wie Gramsci es in einer seiner berühmtesten Formulierungen gesagt hatte, überwinden.

Karl-Wilhelm Macke

Luigi Pintor, *Servabo. Memoria di fine secolo*, Ed. Bollati Boringhieri, Turin 1991

Ein kleines, sehr handliches Buch. Ein wunderbar gestaltetes Buch. Ein autobiographisches Buch. Ein Buch der Erinnerungen. Außerhalb Italiens ist der Autor kaum bekannt, in Italien selbst ist er seit Jahrzehnten innerhalb der politischen und intellektuellen Klasse des Landes fast eine Institution.

Geboren 1925 in Rom als jüngerer Bruder des 1943 als Resistenza-Kämpfer umgekommenen Schriftstellers Giaime Pintor (s. *Zibaldone*, Heft 8). Zwanzig Jahre arbeitete Pintor als Journalist bei der kommunistischen Tageszeitung *L'Unita*. 1969 gehörte er neben Rossana Rossanda, Aldo Natoli und Valentino Parlato zu den Gründern der unabhängigen linken Tageszeitung *il manifesto*, für die er bis heute regelmäßig Leitartikel verfaßt. Nach langen Jahren außerhalb des PCI (1969 erfolgte sein Ausschluß wegen »Linksabweichung«) näherte Pintor sich innerhalb der achtziger Jahre wieder der Partei an und wurde auf ihrer Liste in das italienische Parlament gewählt. Seit der Selbstauflösung des PCI und der von ihm abgelehnten Neugründung des PDS (Partito della Sinistra) ist er wieder ein *Sinistra indipendente*, ein unabhängiger Linker, oder, wie er sich selber definieren würde, *un comunista senza tessera*, ein Kommunist ohne Parteibuch. Auch seine Gegner, und von denen besitzt der Polemiker Pintor unzählige auf der politischen Bühne Italiens, bescheinigen ihm, eine »glanzvolle Feder« zu führen. Pintors unentwegte Scharmützel gegen die Führung der italienischen Christdemokraten gelten als Vorbild für einen scharfen, stilistisch brillant geschriebenen politischen Meinungsjournalismus.

Einen ganz anderen, ruhigen, weniger journalistisch als poetisch schreibenden Luigi Pintor lernen wir in seinem kleinen Memoirenband *Servabo* kennen. Nach Namen sucht man hier vergebens. Alles bleibt anonym, aber nur für diejenigen, die die Vita Pintors nicht kennen. Im Anfangskapitel zum Beispiel erzählt er von seinem mit 24 Jahren verstorbenen Bruder Giaime: »Ich kenne keinen, der sich so aufgerichtet hat und so zerstört wurde«. Über alle Etappen seines Lebens schreibt Pintor, immer nur kurz, in geschliffen klaren Sätzen. Seine Jahre auf Sardinien, die Zeit in Rom bei der *Unità*, die Gefängnisaufenthalte im Faschismus, die prägenden Kriegs- und Widerstandsjahre, seine Hochzeit und das geliebte Handwerk des Schreibens. Wunderbar, sogar ein wenig ergreifend dann der Epilog: »Waren sie nichts weiter als verrückte Flausen, jene leidenschaftliche Hartnäckigkeit, die edlen Ideale, die selbstlosen Absichten, die Mühen und die Fehler? Nein, sicherlich nicht. Sie sind zu jeder Zeit das Salz der Erde, und so ist es auch in meinen Jahren gewesen. Aber es reicht ein Regen, um die Erde zu waschen, und das Salz löst sich auf in Wasser.«

Auf der Frankfurter Buchmesse, so konnte man hören, habe es bei vielen internationalen Verlagen großes Interesse an den Übersetzungsrechten des Buches gegeben. Zu Recht.

Carl-Wilhelm Macke

Francesco Barbagallo / Isaia Sales (Hg.), *Rapporto 1990 sulla Camorra*, Rom 1991

»Bush, wann erlöst du uns von der Camorra?« Irgendwo auf einer Mauer im nördlichen Hinterland von Neapel ist diese Parole gesprüht.

Einsatzkommandos, möglichst geleitet von George Bush und General Schwarzkopf, dies suggeriert der Satz an der Mauer, sollten doch in der Lage sein, die Mafia in Palermo, die N'drangheta in Reggio di Calabria und die Camorra in Neapel vom Erdboden verschwinden zu lassen…

Doch so einfach ist die Antwort auf das Phänomen der organisierten Kriminalität, vornehmlich (aber weiß Gott nicht ausschließlich!) in Süditalien, nicht zu formulieren.

Amato Lamberti, Soziologe an der Universität Neapel, Präsident des *Osservatorio della Camorra* und *die* große Autorität auf dem Gebiet der *Camorratologie*, führt seit Jahren eine penible Statistik des Todes. Demnach ist die Zahl der auf das Konto der Camorra zu buchenden Morde von 62 im Jahr 1978 auf über 300 im Jahr 1990 gestiegen. Nach dem Report der Mobilen Einsatzpolizei von Neapel lassen sich wenigstens 32 Clans identifizieren, die allein in der Provinz Neapel operieren. Diese Zahlen sind erschreckend, aber erklären wiederum auch nichts. Ohne Wissen um den entsprechenden politischen, sozialen und kulturellen Kontext ist die Existenz der Camorra nicht zu erklären. Dazu gehört ein korruptes System von Ämterpatronage und Klientelwirtschaft wie ein völlig zusammengebrochener regulierter Arbeitsmarkt und ein krisenerschüttertes traditionelles Wertesystem. Die Camorra, in aller Kürze und vereinfacht formuliert, ist auch das Ergebnis eines als gewaltsam empfundenen Modernisierungsprozesses der neapolitanischen Gesellschaft, der außer einem radikalen Konsumismus und der Zerstörung eines alten Kultursystems den Menschen keine zivilen Freiheiten gebracht hat. Die Camorra, sagt Lamberti, ist vielleicht als ein pathologisches Ergebnis der Modernisierung zu interpretieren. Aber dies ist auch nur ein Versuch neben vielen anderen, für ein Phänomen der Gewalt differenziertere Erklärungen zu finden und darauf zu verzichten, die Schraube von Gewalt und Gegengewalt immer fester anzuziehen.

Der einzige Sektor, auf dem das neapolitanische Hinterland der Anschluß an den Weltmarkt gelungen ist, ist der Drogenmarkt. Hier haben die verschiedenen Camorra-Clans ein perfekt funktionierendes Verteilersystem aufgebaut, das von den lateinamerikanischen Drogenproduzenten über die großen europäischen Verteilernetze bis hinein in die schmutzigsten Ecken von tristen Mietskasernen in und um Neapel reicht. So gesehen sind die vielen Camorra-Attentate nichts weiter als ein Indikator dafür, wo welcher Clan gerade seine marktbeherrschende Stellung bedroht sieht. Hier wird der Konkurrenzkampf nicht über Angebot und Nachfrage geregelt, sondern mit Handfeuerwaffen!

Die Camorra kontrolliert aber neben dem Drogenmarkt heute auch andere Sektoren der neapolitanischen Wirtschaft, wie die Bauindustrie, die Möbelindustrie, die kommerziellen Dienstleistungen, die Vergnügungsindustrie, große Teile der Tourismusbranche, ganz zu schweigen von den Spielsalons, dem organisierten Schmuggel und der Prostitution. Die »Freunde der Freunde« sitzen auf allen Ebenen des politischen Machtsystems in Neapel ebenso wie in Rom und den kleinsten Kommunen des Hinterlandes. Heute in Campanien von Politik zu sprechen heißt, von der Camorra zu sprechen, und umgekehrt.

Wer mehr wissen will über die Hintergründe der trotz Verschärfung der Strafverfolgung immer weiter zunehmenden Ausbreitung der organisierten Kriminalität in Campanien und wen vor allem seriöse sozialwirtschaftliche Untersuchungen zu diesem *gesellschaftlichen* Problem interessieren, findet in dem Report die allerneuesten einschlägigen Recherchen. Die der PDS nahestehenden Autoren gehen hart ins Gericht mit dem politischen System in Italien und Campanien im besonderen. Sie sehen eine die Camorra fördernde politische Entwicklung. Man muß diese politische Interpretation nicht unbedingt teilen, aber dem erschreckenden empirischen Material muß man sich stellen.

Carl-Wilhelm Macke

Pietro Ingrao, *Le cose impossibili, Un'autobiografia raccontata e discussa con Nicola Tranfaglia,* Editori Riuniti, Rom 1990

Im ersten Teil des Buches gelingt es Pietro Ingrao, sehr genau jenes erhitzte Klima, jenen Schmelztiegel an Erregungen, Enttäuschungen, Mutlosigkeiten, Verzweiflungen und Opfern zu beschreiben, die in der unmittelbaren Nachkriegszeit den italienischen Kommunismus formten.

Das Buch ist voll von selbstkritischen Ausführungen, Eingeständnissen von Fehlern: Dort habe ich geirrt, das habe ich falsch gemacht, dort hätte ich es anders machen müssen und so weiter. Kein anderer kommunistischer Politiker hat je sein eigenes Leben und sein eigenes Engagement so selbstkritisch hinterfragt. Keiner ist auch innerhalb seiner eigenen Kontinuität so offen für Diskontinuität, neue Fragen und Infragestellungen gewesen wie Ingrao.

Diese Kultur des dauernden Zweifels verbindet sich bei Ingrao mit einer unerschütterlichen Anhänglichkeit an die Prinzipien und Wurzeln seiner politischen Identität.

Entledigt man die Geschichte des Kommunismus all ihrer Tränen, ihres Blutes, ihrer Opportunismen, Täuschungen, Heucheleien und Gewalttätigkeiten, dann bleibt von der Zeit der Resistenza bis heute ein einziger großer Durst nach Gerechtigkeit, Freiheit, Solidarität und Gleichheit. Von der kommunistischen Idee, so Ingrao, kann man vieles ad acta legen, aber nicht diesen Durst nach Freiheit und Solidarität. Ohne ihn hat es sich nicht gelohnt, zu leben und zu kämpfen. Er ist der rote Faden. Ist er nicht mehr da, dann sind wir schon in einer anderen Welt, auf einer anderen Welle, auf der anderen Straßenseite, bei anderen Freunden und anderen Gegnern.

Utopismus? Ich würde lieber sagen, es ist eine Gewohnheit –

von Intellektuellen eher als von Politikern oder besser: eines Politikers von großer Würde und Noblesse, der nicht vergißt, daß Politik die Kunst des Möglichen und des Notwendigen ist.

Die Geschichte der italienischen Kommunisten ist voll von Beispielen, wie man sich der wenigen guten und klugen Leute entledigt. Ingrao ist das letzte Beispiel in dieser Kette.

Er sucht stets die Tiefe der die Welt erschütternden Probleme auszuloten, die die Existenz aller Menschen, nicht nur der der eingeschriebenen Mitglieder der kommunistischen Partei betreffen. Er hat sich wirklich immer bemüht, den Kontakt zu den Massen, zu ihrem Leben, zu ihren Sprachen zu finden. Er hat mit den Arbeitern, den Bauern, den einfachen Menschen seiner Zeit recht behalten, und er hat sich mit ihnen geirrt. In dieser Haltung sind bei dem so ganz und gar laizistischen Menschen Pietro Ingrao sogar religiöse Momente zu erkenne. Er hat unter den kommunistischen Führern den größten Kontakt zu den katholischen Massen und ist gleichzeitig weiter als alle anderen von den christdemokratischen Führern entfernt. Er ist der einzige unter den noch lebenden kommunistischen Führern, der in der Lage ist, auch zu den Massen außerhalb der Partei zu sprechen. Mit seiner einfachen und ernsten Rhetorik spricht er sowohl große Massen des Volkes an wie Jugendliche und Intellektuelle.

In der jüngeren Geschichte des PCI und der italienischen Linken spielt Ingrao eine große Rolle. Die Geschichte seiner Partei, und ich wage zu behaupten, die Geschichte Italiens, wäre anders verlaufen, hätte man unter den führenden Kommunisten seinen oft abweichenden Ansichten größeres Gehör geschenkt. Er legte die Finger auf Wunden, von denen andere nichts wissen wollten. 1968 haben die Kommunisten für Ingrao die große Chance verpaßt, sich unter dem Druck der Studenten und Arbeiter zu verändern. Die heutige »Wende« kommt zu spät und ist eher opportunistisch als wirklich durchdacht.

Die wichtigsten Kapitel des Buches zeigen, was der PCI bzw. die jetzige PDS an Flachheit und Oberflächlichkeit repräsentiert – ohne und gegen die Ideen dieses Mannes. Ingrao will auch eine Erneuerung der italienischen Linken, aber eine *Erneuerung in Kontinuität.* Ohne sein Denken bleibt alles nur eine müde Fortsetzung der Vergangenheit oder ein abenteuerlicher Pragmatismus ohne jede Prinzipien. Natürlich ist die »Wende« der Kommunisten nötig, aber nur in Verbindung mit der starken und guten Tradition der Partei Gramscis und Togliattis, auf die sich Ingrao immer berufen hat. Vielleicht wird diese Tradition zum Schluß des Erneuerungsprozesses auch überwunden. Ingrao war immer ein Streiter für Erneuerungen und Wandel, aber nie für Opportunismus und prinzipienloses Taktieren in der Alltagspolitik.

Alberto Asor Rosa
(aus: *Rinascita*, Nr. 5 / 1991)
Übersetzung: Carl-Wilhelm Macke

Zu den Autoren

Alberto Asor Rosa, geb. 1933 in Rom. Professor für italienische Literaturgeschichte in Rom. Arbeitete früher mit Radikalen wie Toni Negri zusammen. Schrieb für die *Quaderni rossi*, leitete *Classe operaia* und schreibt heute ständig u. a. für *La Repubblica*. Anhänger des neuen Kurses des PCI unter Occhetto, der ihm die Leitung des Intelligenzlerblattes *Rinascita* übertrug. 1991 gab er diese Position ab, was zum Ende der Zeitung führte. Heute erklärter Gegner des neuen Kurses des PDS (*Partito della sinistra:* Ex-PCI).

Vittoria Curlo, geb. 1952 in San Remo. Studium der Neueren Sprachen in Mailand, abgeschlossen mit einer Arbeit über den Marchesato del Finale während der spanischen Herrschaft im 17. Jhd. Nach Tätigkeit als Dolmetscherin bei Firmen in Mailand jetzt im Schuldienst (Französisch) in Borghetto Santo Spirito (Savona); zugleich Doktorandenkurse in Neueren Sprachen an der Universität Genua.

Andreas Gipper, geb. 1959 in Bonn. Studium der Romanistik, Philosophie und Germanistik in Bonn, Toulouse und Hannover. 1991 Promotion über *Konzeption und Selbstverständnis schriftstellerischer Intelligenz in Frankreich und Italien (1918–1930)*.

Titus Heydenreich, geb. 1936 in Hamburg. Studium der Romanistik und Germanistik. Seit 1977 Professor an der Universität Erlangen–Nürnberg. Veröffentlichungen u. a. über De Amicis, Salgari, Tomasi di Lampedusa, C. Levi, Pasolini, Sciascia, Inquisition und Literatur, Rom in der Gegenwartsliteratur, Italien in der deutschen Literatur des 19. Jhds.

Volker Kapp, geb. 1940 in Freiburg/Brsg. Studium der Romanistik, Philosophie, Theologie, Politologie. Promotion 1970, Habilitation 1980. Seit 1992 Professor für Romanistik an der Universität Kiel. Veröffentlichungen über Claudel, Fénelon, Methodenfragen, Rhetorik. Aufsätze zur französischen und italienischen Literatur, zeitgenössischen Kunst und Design.

Henning Klüver, geb. 1949 in Hamburg. Studierte Literaturwissenschaft wie Kunstgeschichte und pendelt als Zeitungsschreiber zwischen Rom, Hamburg und Mailand. Veröffentlichte u. a. zusammen mit seiner sardischen Frau mehrere Reisebücher bei Rowohlt, dtv-Merian und Hoffmann und Campe.

Peter-Eckhard Knabe, geb. 1942 in Heilsberg. Professor für Romanische Philologie und Vergleichende Literaturwissenschaft an der Universität zu Köln. Studium der Romanistik, Anglistik und Philosophie. Promotion 1970, Habilitation 1975. Publikationen vornehmlich zur europäischen Kultur des 18. Jhds.

Annette Kopetzki, geb. 1954 in Hamburg. Studium der Germanistik, Philosophie und Pädagogik in Hamburg, 1980 Staatsexamen. Seit 1981 in Rom (1984/85 in Chieti) als Drehbuchautorin, Übersetzerin, Sprachlehrerin und Journalistin tätig. Übersetzungen von Texten Pasolinis, Pino Arlacchis u. a. Publikationen über deutsche und italienische Gegenwartsliteratur.

Tobias Leuker, geb. 1968 in Bamberg. Studiert Romanistik und Komparatistik in Tübingen und Pisa.

Renate Lunzer wurde in Wien geboren. Studium der Klassischen Philologie, Germanistik und Italianistik. Mag. phil., Dr. phil. Lebt als Gymnasiallehrerin und Übersetzerin in Wien. Lektorin an der Wiener Wirtschaftsuniversität.

Carl-Wilhelm Macke, geb. 1950 in Cloppenburg. Lebt als freier Journalist in München.

Joachim Meinert, geb. 1939 in Chemnitz. 1957–1962 Studium der Romanistik in Leipzig. 1967–1990 Verlagslektor. Herausgeber und Übersetzer aus der französischen, hispanoamerikanischen und italienischen Literatur: De Filippo, Pavese, Rodari, Ginzburg, Moravia, Collodi, P. Levi, Gramsci. Freischaffender Übersetzer und Publizist in Berlin.

Anna Patrucco Becchi, geb. 1965 in Genua. Studium der Philosophie in Genua und der Italianistik und Germanistik in Saarbrücken. 1989–1991 DAAD-Stipendiatin. Aufsätze u. a. über Elsa Morante und Dino Buzzati. Promoviert mit einer Arbeit über Italienische Reisende in Deutschland im 18. Jhd.

Vanda Perretta, geb. 1934 in Rom. Professorin für deutsche Sprache und Literatur in Pescara und Rom. Veröffentlichungen über deutsche Literatur des 18. und

19. Jhds. (Heine, Brentano, Börne), über Friedensideale in der deutschen Literatur u. a.

Giovanni Rebora, geb. 1932 in Genua. Professor für mittelalterliche Agrargeschichte und seit 1983 für Wirtschaftsgeschichte an der Universität Genua. Studien über die Zuckerindustrie im 16. Jhd. (*Un 'industria zuccheriera del '500*, 1968), über Färbung von Stoffen im Spätmittelalter (*Un manuale di tintoria del '400*, 1970), über Instandhaltungsarbeiten im Hafen von Genua im 16. Jhd. sowie über die mittelalterliche Ernährung und Küche in den Mittelmeerländern (*La cucina medievale italiana tra oriente e occidente*, 1990). Seit 1990 Mitglied des wissenschaftlichen Komitees des Stadtrats Genua für die Columbus-Feierlichkeiten.

Pietro Roselli, geb. 1943 in Rom. Studium der mittelalterlichen und modernen Geschichte und der italienischen Literatur in Rom. Lehrer an verschiedenen Schulen in Italien und Lektor an der Universität Heidelberg (1970–1975). Ab 1977 in italienischen Kulturinstituten im Ausland; seit 1986 Vizedirektor des italienischen Kulturinstituts München. 1988–1991 Lehrbeauftragter der Universität Erlangen–Nürnberg.

Sabine Rutar, geb. 1967 in Unna/Westf. Seit 1987 Studium der Neueren Geschichte, Romanistik und Anglistik in Münster. Freie Mitarbeiterin der Zeitschrift *spielen und lernen*, Veröffentlichungen in der *Frankfurter Rundschau* u. a. Öffentlichkeitsarbeit für die »Deutsch-Italienische Gesellschaft Münster e. V.«. 1990/91 Mitarbeit an Sendungen des RAI-Fernsehens in Rom: über Italien im Jahr 2000 sowie über neue Ausgrabungen in Pompeji.

Günter Schwabe, geb. 1953 in Krefeld. Studium der Kunstgeschichte und Geschichte in Freiburg. Lebt seit 1984 in Rom als freier Journalist, Kunstkritiker und Mitarbeiter an der Bibliotheca Hertziana (Max-Planck-Institut).

Heinz Thoma, geb. 1944 in Furtwangen. Professor für Romanistik/Italianistik an der Universität Osnabrück. Veröffentlichungen u. a. zur Aufklärungsrezeption in Frankreich, im Italienischen zu Boccaccio, Moravia, Tozzi.

Frank Niess

Am Anfang war Kolumbus
Geschichte einer Unterentwicklung –
Lateinamerika 1492 bis heute
208 Seiten mit zehn Abbildungen. Kt

Es war ein schlechtes Omen für die »Neue Welt«, daß Kolumbus und die Konquistadoren in dem Fremden, das sie in Lateinamerika antrafen, nicht das eigenartig Andere sehen konnten, sondern Land und Leute nur als Quellen des Reichtums für ihr Mutterland betrachteten. Aus wirtschaftlichem Eigennutz und imperialer Arroganz haben die »Katholischen Könige« ihre Kolonie stiefmütterlich behandelt. Mit Zöllen, Abgaben und Produktionsverboten wurde die Kolonialwirtschaft behindert. Lokale und regionale politische Strukturen verfielen in Rivalitäten, die sich später als Hindernisse auf dem Weg zur Staatlichkeit erwiesen. Die Unterentwicklung und Abhängigkeit Lateinamerikas sind letztlich auf die portugiesische und spanische Kolonialherrschaft zurückzuführen. Auch für Phänomene, die die südamerikanische Gesellschaft bis heute bestimmen, wie etwa der »machismo« (Männlichkeitswahn) oder die »violencia« (Gewalttätigkeit), gilt dies, wie der Autor mit vielerlei historischen Beispielen und Strukturen illustriert.
Niess zeigt eindrucksvoll, daß sich die heutige desolate politische Situation Südamerikas erst im Rückblick auf die Geschichte erschließen läßt. Am Ende wird deutlich, daß die »Neue Welt« ohne die Begegnung mit der Alten Welt besser dran gewesen wäre.

Serie Piper

Richard Friedenthal
Der Eroberer

Ein Cortes-Roman
367 Seiten. Serie Piper 870

Richard Friedenthal, Autor zahlreicher Biographien, stellt in »Der Eroberer« eine historische Persönlichkeit in romanhafter Form vor: Fernando Cortes.
1511 nimmt Cortes unter Velasquez an der Eroberung Kubas teil. Dann – als Gouverneur von Kuba – wird er von Velasquez zum Oberbefehlshaber einer Expedition ernannt, die das Reich der Azteken, Mexiko, erkunden soll. Cortes überschreitet seine Kompetenzen, als er mit seinen Leuten an Land geht und Mexiko erobert.
Die meisterlich gehandhabte Form des historischen Romans macht es Friedenthal möglich, die Zeit der Konquistadoren und die dramatischen Umstände dieser Expedition dem Leser anschaulich, spannend und zugleich detailgetreu nahezubringen.

Herbert Wilhelmy

Welt und Umwelt der Maya

Aufstieg und Untergang einer Hochkultur
547 Seiten mit 32 Abbildungen auf Tafeln, 75 Abbildungen und 6 Tabellen im Text sowie 2 Karten im Anhang.
Serie Piper 1139

Herbert Wilhelmys vielgerühmtes Standardwerk über die Maya wird hier in einer – abgesehen vom Bildteil – ungekürzten Neuausgabe vorgelegt. Wenn vom Aufstieg und Untergang der blühenden Hochkultur der Maya die Rede ist, wird stets gerätselt, warum diese indianische Zivilisation so plötzlich erloschen ist. Rätselhaft erscheint vor allem, wo die Menschen geblieben sind, die einst auf der Halbinsel Yucatán Hunderte von Zeremonialzentren mit bis zu 70 Meter hoch aufragenden Pyramiden, ausgedehnten Tempel- und Palastkomplexen geschaffen haben. Wilhelmy gibt Antworten auf viele Fragen zu den Maya, er begründet, warum in der klassischen Periode etwa 20 Millionen und nicht – wie bisher angenommen – 1 bis 3 Millionen Menschen im Maya-Gebiet gelebt haben.

»Der Leser folgt den Untersuchungen des jederzeit kurzweilig und plausibel erklärenden Forschers mit Spannung.«

Stuttgarter Zeitung

»Wilhelmy fand überall begründete Antworten. Er fand sie, weil er als hervorragender Tropenkenner historische Kulturgeographie mit der breiten Skala seiner modernen Wissenschaft verwirklicht: Maya-Forschung mit dem Auge des Geographen.«

Frankfurter Allgemeine Zeitung

Serie Piper

Jim Harrison
Dalva

Ein indianischer Sommer
Roman. Aus dem Amerikanischen
von Hartmut Zahn.
475 Seiten. Serie Piper 686

Diese unbezwingbare Dalva macht sich auf die Suche nach ihrem verschollenen Sohn, dem Kind ihrer ersten Liebe in einem fernen Sommer. Dabei taucht sie immer mehr in die Geschichte ihrer Familie ein, deren Wurzeln tief in das ursprüngliche Amerika der Indianer reichen: Ihr Urgroßvater war Missionar und Botaniker, der in seinen Tagebüchern den vergeblichen Kampf der Sioux gegen das Vordringen des weißen Mannes schildert. Der Geist des untergegangenen Volkes lebt in den Northridges weiter – über das Massaker am Wounded Knee und die Kriege des 20. Jahrhunderts bis heute. Er lebt in Dalvas Mutter Naomi, die, obwohl fest in der Realität verankert, Zwiesprache mit ihrem toten Mann hält. Er lebt in ihrer Schwester Ruth, die durch verbotene Liebe die Lust am Leben wiedergewinnt. Und er lebt in Dalva, in dem Land, das sie hütet, und in dem schrecklichen und schönen Erbe, das es birgt.

PIPER

ZIBALDONE Zeitschrift für italienische Kultur der Gegenwart erscheint zweimal jährlich.
Einzelheft DM 14,80 (inkl. 7% MWSt.), Abonnement für zwei Hefte DM 29,60 (inkl. 7% MWSt und Porto).
Anzeigen an den R. Piper GmbH & Co. KG Verlag, Georgenstraße 4, 8000 München 40, Telefon 089/381 80 10, FAX 089/33 87 04, z. Hd. Elisabeth Philippi.

Manuskripte nur an die Herausgeber: Prof. Dr. Helene Harth, Institut für Romanistik, Universität Potsdam, Hochschulkomplex 2 / Golm, O-1574 Potsdam/Golm; Prof. Dr. Titus Heydenreich, Institut für Romanistik der Universität Erlangen-Nürnberg, Bismarckstraße 1, 8520 Erlangen.
Unverlangt eingesandte Manuskripte werden in der Regel nicht kommentiert und nur zurückgesandt, wenn Rückporto beiliegt.

Umschlag: Federico Luci
Gesamtherstellung: Clausen & Bosse, Leck

Sofern nicht anders angegeben, handelt es sich bei allen Beiträgen um Erstveröffentlichungen.

ZIBALDONE 14

Schwerpunkt:
Italien-Tourismus